TINA CASPARI

BILLE und ZOTTEL

Die schönsten Ferien hoch zu Roß

Schneider-Buch

Inhalt

Eine große Überraschung	5
Drei Reiter strahlen bei der Prüfung	18
Bille hat eine tolle Idee	36
Abschiedsschmerz und Reisefieber	52
Das kann ja heiter werden!	66
Blinder Passagier an Bord	86
Auf dem Campingplatz spukt es	104
Die Pferde sind verschwunden	118
Daniel hat Probleme	143
Das lustigste Volksfest	163

Eine große Überraschung

„Welches Futtermittel ist für Reitpferde am wichtigsten, Florian?"

„Kartoffelchips!"

„Spinnst du?"

„Kartoffelchips! Ich will endlich die Kartoffelchips – Daniel frißt und frißt, und für uns bleibt nichts übrig!" Florian schaute empört auf seinen hünenhaften Bruder.

„Ich brauche das, ich wachse noch. Aber bitte sehr", Daniel warf seinem jüngsten Bruder gönnerhaft die Tüte zu. „Nimm sie. Ich weiß ja, daß man mit dreizehn nichts als Essen im Kopf hat!"

„Würdest du mir vielleicht gütigst die letzte Frage beantworten?" seufzte Bettina und rollte die Augen gen Himmel.

„Gern. Was hast du mich gefragt?"

„Welches Futtermittel ist am wichtigsten?"

„Das wichtigste Futtermittel ist Hafer, der beim arbeitenden Pferd durch kein anderes Futter ersetzt werden kann", leierte Florian seinen Text herunter.

„Welche Futterarten unterscheidet man, Bille?"

„Kraftfutter, Rauhfutter und Saftfutter."

„Was und wieviel wird gefüttert, Simon?"

„Mittelschwere Pferde bekommen bei normaler Arbeit pro Tag fünf Kilo Hafer, sechs Kilo Heu – und Stroh nach Bedarf. Also ich finde, das Kapitel Futter können wir jetzt in- und auswendig. Nimm doch mal was anderes dran – das Kapitel Krankheiten und Lahmheiten zum Beispiel!"

„Okay."

Bettina blätterte im Lehrbuch „Vorbereitung auf die praktischen und theoretischen Prüfungen für das bronzene und silberne Reiterabzeichen". Sie hockte im Gras unter einer weitausladenden Kastanie wie in einer Höhle. Die anderen lagen lang ausgestreckt um sie herum und beantworteten mit halbgeschlossenen Augen ihre Fragen. Über den Koppeln und Feldern flirrte die Hitze und warf geheimnisvoll durchsichtige Wellen in die Luft. Es sah aus, als hätte sich das Meer über das Land erhoben und käme auf sie zu.

„Hat einer von euch schon mal eine Fata Morgana gesehen?" fragte Bille, die die ganze Zeit in die Ferne gestarrt hatte.

„Ja, ich eben", sagte Daniel säuerlich. „Ich bildete mir ein, da hätte noch eine volle Colaflasche gelegen – aber sie ist unerklärlicherweise leer."

„Wenn ich doch so 'n Durst habe", verteidigte sich Florian. „Mit leerem Magen kann ich nicht denken."

„Merkwürdig, ich denke mit meinem Kopf, nicht mit dem Magen", bemerkte Bettina spöttisch. „Können wir jetzt weitermachen?"

„Schieß los."

„Was ist eine Sommerwunde, Florian?"

„Eine Sommerwunde – eh – him – gestern habe ich's noch gewußt, warte mal..."

„Bille?"

„Eine Sommerwunde ist eine durch Fliegeneier schlecht heilende und wuchernde Wunde."

„Siehst du, wußt ich's doch!" sagte Florian triumphierend.

„Warum hast du es denn nicht gesagt?"

„Kinder, strengt euch an, in einer Woche ist die Prüfung!" mahnte Daniel.

„Gut, dann sag du mir gleich mal, welche Beinschäden zu schweren Lahmheiten führen können!"

„Brüche, Zerrungen, Muskel- und Sehnenrisse, Verstauchungen und Knochenauftreibungen wie zum Beispiel Überbeine."

„Weine meine Kleine über deine Überbeine", blödelte Simon. „Ich bin müde. Müssen wir noch lange weitermachen?"

„Keine Müdigkeit vorschützen!" sagte Bettina strenge. „Wer hatte denn die Idee, Herrn Tiedjen mit dem Reiterabzeichen zu überraschen?"

„Und wenn man einen Lehrer wie den berühmten Springreiter Tiedjen hat, ist man leider moralisch verpflichtet, eine solche Prüfung mit ‚Ausgezeichnet' zu bestehen. Eins mit Stern und Lorbeerkranz", stöhnte Florian. „Und das bei dieser Hitze!"

„Nächste Frage..."

Daniel hatte sich auf den Bauch rollen lassen und sah an Bettina vorbei zu den Pferden hinüber.

„Welches ist das gesündeste Kraftfutter für ein gefräßiges Pony? Antwort: Billes gute Schokoladenbutterkekse mit Bauernwurst und saurer Gurke", sagte er grinsend.

Bille fuhr hoch.

„Wieso, ich hab doch meinen Beutel ganz fest zugemacht..."

„...und Zottel hat ihn wieder geöffnet. Kannste mal sehen!"

Bille sprang auf und stolperte zu ihrem rotgefleckten struppigen Liebling, der friedlich auf der Kekstüte herumkaute.

„Ein umweltfreundliches Tier", lobte Simon. „Weil kein Papierkorb in der Nähe stand, frißt er das Papier gleich mit."

„Du neunköpfige Raupe, du alter Müllschlukker, kannst du denn nichts liegen lassen?" schimpfte Bille. „Und ich hab mich so auf die Kekse zum Nachtisch gefreut!"

„Sei nicht undankbar: wenigstens die sauren Gurken hat er dir übriggelassen", sagte

Bettina lachend.

Bille versuchte, Zottel die Tüte aus den Zähnen zu ziehen.

„Blöder Kerl!" murrte sie. „Ich freß dir deinen Zucker doch auch nicht weg! Und deinen Hafer schon gar nicht."

„Mach's doch mal", schlug Daniel vor. „Vielleicht nimmt er sich die Lehre zu Herzen!"

„Der? Totlachen wird er sich", knurrte Bille.

„Na, das kann man ihm eigentlich nicht verdenken. Die Vorstellung, wie du über seiner Krippe hängst, den Mund voller Hafer..." Florian strampelte mit den Beinen vor Vergnügen und kicherte.

„Können wir jetzt endlich weitermachen? Wenn ihr euch nicht zusammenreißt, wird aus eurer Überraschung für Herrn Tiedjen nie was!" mahnte Bettina. „Simon – wodurch kann Kolik entstehen?"

„Durch Aufregung, schlechtes oder verdorbenes Futter, Erkältung oder durch Wurmbefall."

„Gut. Bille – wann spricht man beim Pferd von Fieber?"

„Wenn die Temperatur höher als 38 Grad ist."

„Okay. Nehmen wir mal ein paar Fragen aus der Abteilung ‚Satteln und Trensen'. Daniel – was wird zuerst aufgelegt, Sattel oder Trense?"

„Mist!"

„Wie bitte?"

„Ich hab mich in ein Ameisennest gesetzt, sie sind mir in die Hose gekrochen, verdammt noch mal!" Daniel sprang auf und rieb sich die Hinterbacken.

„Das soll gut gegen Rheumatismus sein", sagte Simon ungerührt. „Es regt die Durchblutung an."

„Meine Durchblutung braucht aber nicht angeregt zu werden. Wenigstens nicht an dieser Stelle!" giftete Daniel.

„Also Kinder, ich sehe schon, es wird heute nichts. Gehen wir lieber baden."

„Ein weiser Entschluß!" Florian erhob sich und reckte sich gähnend. „Nächste Woche gibt's sowieso Ferien. Da können wir noch drei Tage lang von morgens bis abends pauken."

„Reiten wir ans Meer oder nur zum Peershofer See?" fragte Bille.

„Zum See, der ist näher", jammerte Daniel.

„Das ist nicht zum Aushalten! Es brennt, als hätte ich mich..."

„...in einen Ameisenhaufen gesetzt, genauso!" fiel Bettina ihm ins Wort. „Armer Daniel, unser Mitgefühl ist grenzenlos!"

„Spottet auch noch..."

„Aber nein!" Bettina hängte sich bei ihrem großen Adoptivbruder ein und ging mit ihm zu den Pferden hinüber. „Schließlich verdanken wir dir das abrupte Ende der Theoriestunde und die Aussicht auf ein erfrischendes Bad."

Der Peershofer See war eigentlich mehr ein Teich, ein kleiner Moorsee mitten im Wald, dessen Wasser angenehm kühl war. An der einen Seite war der Untergrund so fest, daß man mit den Pferden bequem ins Wasser reiten konnte. An der anderen Seite mußte man durch einen Wald von Schilf hindurch, ehe man ins freie Wasser kam. Hier hatte Herr Henrich einen langen Steg zum Baden anlegen lassen.

In Sekundenschnelle waren die Pferde abgesattelt, und ihre Reiter saßen im Badezeug auf den nackten Pferderücken und ritten ins Wasser, daß es hoch aufspritzte.

„Jetzt könnt ihr gleich ein einmaliges Schauspiel erleben", stichelte Florian und kitzelte den kräftigen Schimmel Asterix, den Daniel ritt. „Nämlich, wie aus einem Schimmel ein Brauner wird!"

Asterix machte einen erschreckten Satz nach vorn, und ein Schwall von Moorwasser überschüttete Florian. Daniel klopfte seinem Pferd anerkennend den Hals.

„Danke, mein Bester. Wurde auch Zeit, daß Florian sich der Farbe seines Pferdes ein wenig anpaßt."

Florians Rappe Bongo hielt nicht viel vom Baden. Sobald das Wasser seinen empfindlichen Bauch berührte, machte er eine Kehrtwendung, bei der Florian ins Wasser plumpste wie ein Kohlkopf von einer zu hoch beladenen Gemüsekarre. Das bräunliche Moorwasser schwappte nach allen Seiten weg.

Nun gab es kein Halten mehr. Bille, Bettina, Simon und Daniel ließen sich von den Pferderücken ins Wasser gleiten. Im Nu war eine heftige Wasserschlacht im Gange. Zottel und Bettinas Stute Sternchen gefiel der kühle Tropfenregen, aber Asterix, Bongo und Simons Goldfuchsstute Pünktchen wichen erschreckt zurück und suchten sich einen weniger turbulenten Platz, um sich abzukühlen.

„Binden wir die Pferde lieber da drüben im Schatten an, sonst kommt noch einer von ihnen auf die Idee, ohne seinen Reiter nach Hause zu laufen", schlug Daniel vor. „Dann können wir in Ruhe zum Steg hinüberschwimmen."

Bille führte Zottel noch ein wenig tiefer ins Wasser.

„Das erfrischt, mein Dicker, wie? Na komm, jetzt ist es genug. Seht euch das an, er freut sich wieder wie ein kleines Kind! Es ist jedesmal ein Theater, ihn aus dem Wasser zu bekommen…"

Zottel wehrte sich mit aller Kraft gegen den Zügel. Er planschte mit den Vorderbeinen im Wasser, daß es hoch aufspritzte. Als es Bille schließlich gelang, ihn ans Ufer zu zerren, legte er sich auf den Boden und wälzte sich, so daß er aussah wie ein frischer Streuselkuchen. Bille mußte ihn wohl oder übel noch einmal ins Wasser führen. Als sie ihn endlich neben den anderen an einen Baum gebunden hatte, hatten Bettina und die drei Jungen längst den See durchschwommen und winkten vom Steg herüber.

Bille warf sich mit Indianergeheul ins Wasser und kraulte zu den Freunden hinüber.

„Bestzeit!" sagte Simon anerkennend, als sie sich atemlos am Steg hochzog.

Bille schüttelte ihre blonde Mähne, die der Zottels immer ähnlicher wurde, daß die Tropfen nach allen Seiten sprangen. Dann setzte sie sich neben Bettina und ließ die Füße ins Wasser baumeln.

„Bleibst du zum Abendbrot bei uns in Peershof?" fragte Bettina. „Wir könnten die Übersetzung zusammen machen, du brauchst sie dann zu Hause nur abzuschreiben."

„Ich möchte schon, aber es geht leider nicht. Ich habe Petersen und Hubert versprochen, heute abend im Stall zu helfen. Karlchen hat keine Zeit."

„Aber Bettina, was für eine Idee!" spottete Simon. „Du weißt doch, daß ohne Pferdepfleger Bille der Groß-Willmsdorfer Stall zusammenbricht!"

„Und Herr Tiedjen dazu...", flötete Florian. „Ich weiß, wer hier gleich zusammenbricht..." Bille zwinkerte Bettina zu, die Freundin verstand.

Scheinbar gleichgültig standen sie auf, packten die Spötter blitzschnell bei den Schultern und stießen sie ins Wasser. Dann sprangen sie hinterher und schwammen um die Wette zum anderen Ufer zurück.

„Läßt du mich Sternchen reiten, bis nach Peershof?" fragte Bille die Freundin, als sie sich wieder angezogen hatten.

„Klar. Du mußt sie soviel wie möglich reiten, wenn du auf die Prüfung mit ihr gehen willst. Schade, daß Zottel sich so beharrlich weigert zu springen. Es wär doch schön, wenn du mit deinem eigenen Pferd starten könntest. Wenn ich mich natürlich auch freue, daß Sternchen nun diese Ehre zufällt. Eine große Leuchte im Springen ist sie ja nicht..."

„Für die Bronzene reicht es. Und sie hat hervorragende Eigenschaften, vor allem für die Dressur. Gut, daß du sie mir angeboten hast."

Bille klopfte der hübschen Haflingerstute zärtlich den Hals. Wenn man Sternchen ritt, brauchte man sich vor Lampenfieber nicht zu fürchten.

Bettina hatte Zottel gesattelt und stieg auf.

„Seid ihr abmarschbereit? Dann schart euch um mich, meine lieben Kinder."

Sie zog das Lehrbuch aus der Satteltasche und blätterte.

„Aus welchen Teilen besteht der Sattel, Florian?"

„O nein! Geht das schon wieder los!" Florian seufzte kellertief. „Also – der Sattel besteht aus der Sattelkammer, dem Schweißblatt, dem Sattelgurt, dem Vorderzwiesel, der..."

„...der Sitzfläche, dem Hinterzwiesel, dem Sattelpolster, den beiden Sattelblättern mit den Pauschen, den Steigbügelriemen mit den Steigbügeln und den drei Gurtstrippen", fielen die anderen im Chor ein.

Drei Reiter strahlen bei der Prüfung

„Heute ist Sindbad genau fünf Monate alt", sagte Bille und strich dem Fohlen mit einem weichen Lappen über den Rücken, bis kein Stäubchen mehr zu sehen war. „Hat er sich nicht prächtig entwickelt?"

„Ja, kannst stolz sein auf dein Pflegekind", sagte der alte Petersen lächelnd. „Und frech ist er geworden! Er kommt schon ins Flegelalter. Gestern hat er Hubert alle Knöpfe von der Jacke abgebissen, als du nicht da warst. Wahrscheinlich war er ärgerlich, daß jemand anders ihm sein Abendbrot serviert hat."

„Du lieber Himmel, er hat doch keinen davon verschluckt?"

„Nein, nein, keine Sorge."

„Herr Petersen..."

„Ja?"

„Haben Sie mal das Reiterabzeichen gemacht?"

"Nein, warum?"

"Ach – nur so. Ich wollte mal wissen, wie das eigentlich ist. Ob man einzeln abgefragt wird oder in der Gruppe. Und noch so ein paar Sachen."

"Tja, da kann ich dir nicht weiterhelfen. Du wirst es kaum glauben: Ich habe noch bei den Soldaten reiten gelernt. Ist lange her. Später war ich in einem Pferdelazarett, das hättest du mal sehen sollen! Hunderte von Pferden, die verwundet oder völlig erschöpft aus dem Krieg kamen, haben wir da gesundgepflegt. Ein Gelände, zehnmal so groß wie das hier in Groß-Willmsdorf."

"Davon haben Sie mir noch nie was erzählt!"

"Ich weiß. Ich spreche nicht gern über die Vergangenheit. Aber das hat andere Gründe..."

"Ich würde so gern mehr über das Pferdelazarett hören!"

"Hm. Vielleicht ein andermal. Und wegen des Reiterabzeichens fragst du am besten den Chef. Der muß es doch wissen. Er kommt ja bald aus dem Krankenhaus zurück. Hab heute im Büro gehört, die Ärzte wären sehr zufrieden mit der Nachuntersuchung. Er wird bald wieder im Sattel sitzen."

„Prima! Es war schrecklich, ihn so auf Krücken humpeln zu sehen. Manchmal hatte ich wirklich Angst, er würde nie wieder reiten können."

Und wenn er zurückkommt, dachte Bille, dann habe ich hoffentlich das Reiterabzeichen schon am Rockaufschlag!

Die letzten zwei Tage vor der Prüfung paukten sie ununterbrochen. Die Praxis machte keinem von ihnen Schwierigkeiten, aber die vielen theoretischen Fragen, die man beantworten mußte. Und Bettina war eine strenge Lehrerin. Sie, die erst seit vergangenem Herbst ritt, wollte sich im kommenden Jahr um das Jugendreiterabzeichen bewerben. Doch den Freunden hämmerte sie die im Lehrbuch angeführten Fragen und Antworten ein, bis sie sie im Schlaf rückwärts und vorwärts herunterbeten konnten.

Die Prüfung fand in der Reitschule Neukirchen statt. Es war ein regnerischer Samstagmorgen, an dem sich die Prüflinge in der großen Reithalle versammelten. Außer Bille, Simon und Florian waren noch vier Schüler der Reitschule angetreten. Daniel, der in diesem Jahr achtzehn wurde, zählte bereits zu den Erwachsenen und ritt in einer anderen Gruppe.

Bille fror. Sie hatten am Abend zuvor gemeinsam mit den Neukirchern eine Probe abgehalten und dabei festgestellt, daß sie mit ihren Leistungen den Schülern der Reitschule ein ganzes Stück voraus waren. Trotzdem war ihr jetzt – so kurz vor Beginn der Prüfung – ganz schauderhaft zumute. Ihr war richtig elend.

Heute abend habe ich alles hinter mir, dachte sie verzweifelt. Irgendwie werden diese Stunden doch herumgehen! Doch es half alles nichts. Sie wußte, auf die Schülerin von Hans Tiedjen würde man ganz besonders achten, sie möglicherweise strenger beurteilen als die anderen.

Herr Weber, der Reitlehrer der Schule, sprach beruhigend auf seine Schüler ein. Bille schaute verstohlen hinüber. Zwei Mädchen und zwei Jungen waren etwa so alt wie sie selbst, dreizehn oder vierzehn. Das eine Mädchen, Ulrike, eine hübsche Blonde mit großen blaugrauen Augen, kannte sie, sie gingen in die gleiche Schule, Ulrike gehörte in die Klasse über ihr. Die andere, ein kecker Wuschelkopf mit einem runden fröhlichen Gesicht und einer randlosen Brille, die ihr fast auf der Nasenspitze saß, hatte Bille noch nie gesehen, vielleicht war sie neu hier. Die beiden Jungen waren Zwillingsbrüder. Bille überlegte sich, ob es wohl ein Vorteil sei, sich so ähnlich zu sehen, wenn man einen Fehler machte. Konnte man nicht einfach behaupten: das war ich nicht, Sie müssen mich mit meinem Bruder verwechselt haben? Oder waren sie sich so ähnlich, daß sie auch die gleichen Fehler machten?

Die Tür öffnete sich, und mit einer Regenböe wurden zwei Herren im steifen Hut hereingeweht. Herr Weber lief mit ausgebreiteten Armen auf sie zu, um sie willkommen zu heißen, einen Augenblick hatte Bille den Eindruck, er würde ihnen um den Hals fallen.

Die Herren schüttelten den Regen aus ihren

Mänteln, dann reichten sie Herrn Weber die Hand.

„Fühlst du dich auch so mies?" flüsterte Florian, der neben Bille stand.

„Noch mieser!" tuschelte sie zurück.

Herr Weber entschuldigte sich bei den Herren für den Regen, als hätte er ihn durch ein höchstpersönliches Mißgeschick verursacht. Dann führte er sie zu den wartenden Reitern hinüber. Bille stand unwillkürlich stramm. Jeder von ihnen mußte seinen Namen sagen, und der dickere der beiden Richter, ein freundliches Rotgesicht, säuselte ein paar Worte über „alles nicht so schlimm, wird schon nicht den Kopf kosten, nur keine Nervosität, sind ja keine Menschenfresser".

Dann wurde es ernst.

Es hieß aufsitzen und anreiten. Sternchen folgte Bille wie ein Hündchen, lieb, folgsam und aufmerksam jeder ihrer Hilfen gegenüber. Pferd und Reiterin boten das Bild vollendeter Harmonie. Bille sah, wie die Richter die Köpfe zusammensteckten und zu ihr hinübersahen.

„Abteilung im Arbeitstempo Trab", hieß es.

„Leichttraben, einmal herum. Durch die ganze Bahn wechseln."

Bille warf einen flüchtigen Blick in den großen Spiegel und korrigierte ihre Haltung noch ein wenig. Hinter ihr ritt Florian. Er mußte aufpassen, Bongo drängelte, er kam zu dicht auf. Florian ritt die Ecke ein wenig tiefer aus und hatte schnell wieder den richtigen Abstand.

„Abteilung Schritt! Abteilung – halt. Auf der Vorhand rechtsumkehrt – marsch. Steigbügel hochschlagen. Abteilung im Arbeitstempo – Trab!"

Lieber Gott, gib, daß es weiter so gut klappt! dachte Bille. Simon auf Pünktchen vor ihr, sie selbst und Florian hinter ihr ritten, als wären sie eins, exakt stimmten die Schritte der Pferde überein, der Abstand war perfekt bemessen. Bille sah, wie sich die beiden Richter eifrig Notizen machten und miteinander flüsterten.

„Aus der nächsten Ecke kehrt. Abteilung – Schritt. Auf dem zweiten Hufschlag geritten. Der letzte Reiter angaloppieren, an der Abteilung außen vorbeireiten. Einmal herum, dann in der Höhe des zweiten Reiters durchparieren zum Trab. Eine Pferdelänge vor dem Anfangsreiter auf dem zweiten Hufschlag durchparieren zum Schritt. Dasselbe gilt für alle anderen."

Der letzte Reiter war das Wuschelkopfmädchen. Sie hatte Mühe, ihr Pferd zum Angaloppieren zu bewegen und mußte es tüchtig treiben.

Bille sah, wie dem Mädchen das Blut in den Kopf schoß und es sich ärgerlich auf die Lippen biß. Aber das Durchparieren zum Trab gelang tadellos.

Jetzt kam Florian dran.

Bongo hatte mal wieder seinen temperamentvollen Tag, er wollte losschießen, als gelte es, das Derby zu gewinnen. Vielleicht wollte er auch nur einmal zeigen, was in ihm steckte. Auf der langen Seite der Bahn ließ Florian ihn ein Stück drauflospreschen, dann nahm er ihn behutsam zurück.

Gut gemacht, dachte Bille.

Jetzt war sie an der Reihe. Sternchen galoppierte, als wolle sie einen Schönheitswettbewerb gewinnen. „Ein entzückendes Tier", hörte Bille den Rotgesichtigen murmeln, „ich hab

selten ein Pferd mit soviel Charme gesehen."
Hoffentlich übersieht er mich dabei nicht,
dachte Bille, ich bin schließlich auch nicht
ohne! Vor allem, wenn es darum geht, ohne
Steigbügel zu reiten, darin war der alte Petersen
erbarmungslos mit mir!

Simon startete ein wenig zu früh, aber zum
Glück hatten die Richter ihre Nasen in ihren
Büchern, in die sie sich eifrig Notizen machten.

Simons Galopp gelang ebenso perfekt wie
der, den Bille auf Sternchen gezeigt hatte.

Die Richter nickten zufrieden.

Jetzt waren die beiden Brüder an der Reihe.
Der erste wechselte aus dem zweiten Hufschlag
auf den äußeren Hufschlag und galoppierte an.
Hatte sein Bruder geträumt oder war es wirklich so, daß sie gewohnt waren alles gleichzeitig
zu tun? Jedenfalls rannte sein Pferd sofort
hinter dem des Bruders her, alle Versuche, es
zurückzuhalten, kamen zu spät. Der Junge tat
das einzig Richtige, er ritt, als wäre es völlig in
Ordnung, daß die Zwillingsbrüder ihren Galopp gemeinsam vorführten. Der Reitlehrer
runzelte die Stirn, aber die Richter schienen es

eher von der heiteren Seite zu nehmen.

„Nanu", sagte der Dicke. „Das doppelte Lottchen. Die können wohl nicht anders."

Der andere kritzelte etwas in sein Buch und schüttelte grinsend den Kopf. Eine gute Benotung gab's für den zweiten sicher nicht, Bille tat er leid.

Jetzt blieb noch Ulrike.

Sie war nervös, man sah es ihr an. Ihr Pferd versuchte die Ecken abzuschneiden und strebte energisch zu den übrigen. Ein typisches Reitschulpferd. Sobald es die anderen erreicht hatte, wollte es in einen gemächlichen Schritt fallen, Ulrike mußte es kräftig treiben, um ihre Übung vorschriftsmäßig zu Ende zu führen.

Wie gut haben wir es, die wir jeden Tag reiten können, so lange wir wollen! dachte Bille. Eigentlich ungerecht. Ulrike hatte sicher höchstens zwei oder drei teuer bezahlte Reitstunden in der Woche.

„Auf dem äußeren Hufschlag geritten. Abteilung im Arbeitstempo – Trab! Durch die ganze Bahn wechseln", rief der kleinere der beiden Richter. „Abteilung – Schritt. Der erste Reiter angaloppieren und an den Schluß der Abteilung gehen, das gleiche gilt für die anderen."

Diesmal hatte der andere Zwilling Schwierigkeiten, sein Pferd zurückzuhalten. Als Ulrike angaloppierte, wollte es sofort hinterherrennen. Bille faßte unwillkürlich die Zügel nach, als sie sah, wie ein Pferd dem anderen nachzulaufen versuchte.

Pünktchen war gehorsam, Simon klopfte ihr zur Vorsicht beruhigend den Hals und sprach leise mit ihr. Bille folgte seinem Beispiel, und auch Florian hinter ihr hielt Bongo rechtzeitig zurück und galoppierte nicht eher an, als bis die Reihe an ihm war.

„Steigbügel wieder aufnehmen! Anfang rechts dreht, links marschiert auf!"

Jetzt kam der Sprung. Jeder Reiter mußte einzeln ein Hindernis von 60 cm Höhe überspringen, erst von der einen, dann von der anderen Seite. Hier hatte keiner von ihnen Schwierigkeiten. Mit der Schlußaufstellung und dem vorschriftsmäßigen Gruß endete die Dressurprüfung.

„Das war alles?" fragte Florian. „Ich hatte es

mir viel schlimmer vorgestellt."

„Freu dich nicht zu früh, das dicke Ende kommt noch – die theoretische Prüfung – und das Springen."

„Vor dem Springen brauchen wir uns doch nicht zu fürchten – hätten wir bloß erst die blöde Theorie hinter uns!"

„Na, jetzt haben wir erst mal Pause. Lassen wir den armen Daniel und seine Kumpane ein bißchen schwitzen. Gehen wir in den Zuschauerraum?"

„Lieber an die frische Luft", meinte Bille. „Was kommt denn als nächstes?"

„Das Springen. Auch in der Halle, wegen des Regens. Nach uns springen wieder die Älteren. Die Theorie kommt nachmittags dran. Und dann wird gefeiert", erklärte Simon.

„Sei bloß still! Vielleicht ist uns nach der theoretischen Prüfung gar nicht zum Feiern zumute", meinte Florian kläglich. „Ich hab ein Gefühl, als könnte ich mich nicht an einen einzigen Satz mehr erinnern!"

„Unsinn, jetzt mach dich doch nicht verrückt!"

Bille knuffte ihn freundschaftlich in die Seite.

„Na, ihr Helden? Wie fühlt ihr euch?" Bettina kam an der Seite von Herrn Henrich aus dem Zuschauerraum.

„Es geht so. Wie waren wir denn?" erkundigte sich Bille.

„Einsame Spitze – muß man das noch betonen? Ihr hättet euch gleich zum silbernen anmelden sollen..."

„Das geht leider nicht, erst ein Jahr nach dem bronzenen Reiterabzeichen. Laß nur, ich bin ganz froh drüber."

„Sagt mal, hat keiner von euch Hunger? Ich habe von Fräulein Fuchs ein großes Picknickpaket für euch mitbekommen, es liegt im Auto", sagte Herr Henrich und sah Bille und seine Söhne an.

„Ich wußte doch, da war noch was..." Simon rieb sich den Magen. „Her damit!"

„Hier hast du die Autoschlüssel. Ich will wieder hineingehen und mir Daniels Prüfung ansehen. Kommst du mit, Bettina?"

„Klar! Bis später..."

„Ich glaube, ich bringe keinen Bissen hinunter, bevor ich nicht sämtliche Aufgaben hinter mir habe", stöhnte Bille.

Aber als sie sah, was Familie Henrichs Haushälterin alles eingepackt hatte, änderte sie ihre Meinung schnell. Da waren Eier und Schinkenbrote, gegrillte Hühnerbeine, Früchtejoghurts und Limonade, eine große Tüte mit Keksen und Schokolade und ein Schraubglas mit gezuckerten Erdbeeren. Die drei kauten noch mit vollen Backen, als sie zur Springprüfung gerufen wurden.

„Nur keine Aufregung. Den leichten Parcours springen wir doch auf dem hohlen Backenzahn", sagte Florian großspurig.

„Komisch, ich bin bis jetzt immer nur mit den Beinen gesprungen. Aber wenn du mir verrätst wie man das macht, kann ich es ja mal versuchen", meinte Bille und zog Sternchens Sattelgurte wieder fest.

Florian hatte natürlich nicht so unrecht. Für die Schüler Hans Tiedjens waren die Sprünge, die hier verlangt wurden, ein Kinderspiel. Simon wurde als erster hereingerufen und kam mit dem Gesicht des strahlenden Siegers wieder heraus. Dann kam das Wuschelkopfmädchen dran. Als dritte folgte Bille.

Drei Hindernisse standen in der Bahn, das höchste 90 cm hoch, achtmal mußte man springen. Bille grüßte ruhig, galoppierte einmal auf dem Zirkel, bis sie das Startzeichen bekam und flog mit Sternchen über die bunten Stangen, als täte sie den ganzen Tag nichts anderes. Sternchen, die noch nie vor Publikum gegangen war, schien von einem erstaunlichen Ehrgeiz besessen zu sein, alle anderen auszustechen – obgleich sie sonst nicht besonders gern sprang und Hindernisse von mehr als einem Meter nur schwer bewältigte.

„Braves Mädchen", lobte Bille sie und schielte zu Bettina hinauf, die verliebt auf ihre hübsche Stute sah. In einem Jahr würde auch sie hier mit Sternchen erscheinen, sie freute sich schon jetzt darauf.

Bille verließ die Bahn und brachte Sternchen zum Stall hinüber, wo man für die Gastpferde Boxen freigemacht hatte.

„Du hast es für heute hinter dir – aber ich?"

Bille nahm der Stute den Sattel ab und strei-

chelte und lobte sie noch einmal ausgiebig.
„Gleich kommt Florian dran, kommst du mit?" rief Simon.

Bille rannte hinter ihm her zum Zuschauerraum hinüber. Alle Köpfe wandten sich ihr zu, als sie den kleinen Raum betrat. Man klopfte ihr auf die Schulter oder schüttelte ihr anerkennend die Hand. „Gut gemacht!" und „Prima!" hörte man sie flüstern. Bille wurde rot vor Freude.

Da ritt Florian in die Bahn. Er riß seine Reitkappe vom Kopf und grüßte, sein rundes Jungengesicht mit den Sommersprossen glühte vor Eifer, die Haare, von der Kappe hochgerissen, standen wie ein Heiligenschein um seinen Kopf. Simon kicherte. Mit der gleichen heftigen Bewegung, mit der Florian sich die Kappe heruntergerissen hatte, stülpte er sie sich wieder auf den Kopf, man glaubte es knallen zu hören. Die Zuschauer grinsten, Herr Henrich schüttelte lächelnd den Kopf. Es war kein Geheimnis, daß Florian den Zwang, eine Reitkappe tragen zu müssen, haßte wie die Pest.

Da kam schon das Startzeichen. Bongo preschte los. Da er einen kitzligen Bauch hatte, übersprang er jedes Hindernis so hoch er nur irgend konnte. Das erste Hindernis lag hinter ihnen, jetzt stürmte Bongo auf das diagonal in der Halle aufgebaute zweite Hindernis zu und machte, da er etwas zu dicht herangekommen war, einen Steilsprung, daß Florian die Kappe vom Kopf flog. Sie kollerte durch die Bahn und landete vor Bongos Vorderbeinen, gerade als er zum dritten Sprung ansetzte. Bongo beförderte ungewollt die lästige Kopfbedeckung mit über das Hindernis, bekam es zwischen die Beine und befreite sich schließlich durch ein wütendes Auskeilen von dem Störenfried. Die Kappe flog in einem Bogen durch die Halle und landete auf dem Richtertisch. Die Zuschauer lachten dröhnend.

Zum Glück schien das Bongo nicht zu stören, er absolvierte die restlichen Sprünge ohne Fehler. Florian und sein kleiner Rappe bekamen einen Sonderapplaus.

Und dann ging plötzlich alles ganz schnell. Da das Wetter sich zu bessern schien, verlegte man die Springprüfung der Erwachsenen auf den Nachmittag, um sie dann im Freien abzuhalten. Dafür wurde die theoretische Prüfung der jugendlichen Teilnehmer vorgezogen. Bille, Simon und Florian kamen gar nicht mehr dazu, sich aufzuregen, so schnell war alles vorüber.

„Und dafür habe ich so fürchterlich gepaukt?" fragte Florian enttäuscht. „Wenn ich das gewußt hätte!"

„Hättest du nicht so gepaukt, dann hätten sie dich garantiert etwas gefragt, was du nicht gewußt hättest", tröstete Bille ihn. „Außerdem weißt du's dann gleich für die silberne im nächsten Jahr..."

„Püh – bis dahin hab ich längst wieder alles vergessen."

Und dann kam das abschließende Urteil. Zweimal „ausgezeichnet" für Simon und Bille. Und einmal „gut" für Florian. Auch die Schüler der Reitschule hatten die Prüfung bestanden – wenn auch mit weniger guten Punktzahlen.

„Mutsch, Onkel Paul und Herr Tiedjen werden Augen machen!" sagte Bille strahlend, als man ihr das bronzene Reiterabzeichen an die Jacke gesteckt hatte.

„Wenn sie's überhaupt zu sehen bekommen",

meinte Bettina verschmitzt, „und Zottel es nicht längst vorher verschluckt hat, weil er es für ein Sahnebonbon gehalten hat..."

Bille hat eine tolle Idee

„Der Gedanke, daß du allein hier zurückbleibst, gefällt mir gar nicht", sagte Mutsch seufzend und goß sich noch eine Tasse Tee ein. „Willst du nicht doch mitkommen?"
„Unsinn! Es ist euer Urlaub – wenn man so will, eure Hochzeitsreise. Du bist seit Jahren nicht hier aus Wedenbruck herausgekommen, du hast deinen Urlaub mehr als verdient", Bille angelte sich noch ein Brötchen aus dem Korb und brach es auseinander, daß die goldbraunen Krümel über den Tisch sprangen. Dann füllte sie die Höhlung, mit einem Gemisch aus Honig und Butter, das sie sich auf dem Teller angerührt hatte. „Außerdem bin ich kein kleines Kind mehr, das man an die Hand nehmen muß."

„Trotzdem. Du hast doch Ferien und möchtest auch mal was anderes erleben..."

„Aber Mutsch! Du weißt doch ganz genau, daß ich mich nicht von den Pferden trennen kann. Und ich hab meine Freunde hier – was brauche ich denn noch?"

„Wahrscheinlich hat sie Angst, daß ihr zuviel anstellt", mischte sich Onkel Paul ins Gespräch. „Wie wär's, wenn du Inge und Thorsten herholst – als Aufpasser?"

„Kommt nicht in Frage!" wehrte Bille empört ab. „Da lachen ja die Hühner! Die große Schwester als Aufpasser – das hat mir gerade noch gefehlt. Außerdem haben die beiden zum Glück genug eigene Probleme – mit ihrer Hochzeit und dem Umzug im Herbst."

„War ja auch nur 'n Scherz. Wir wissen ja, daß wir uns auf dich verlassen können."

Onkel Paul verschwand wieder hinter seiner Zeitung, und Bille überlegte, ob sie noch ein drittes Brötchen vertragen könnte.

„Wenn ich denke, ich müßte mit euch die Berge raufklettern – und das zu Fuß! Da packt mich das kalte Grausen."

„Du weißt gar nicht, wie schön das sein kann", widersprach Mutsch. „Du hast es ja noch nie erlebt."

„Dazu ist später immer noch Zeit."

Moischele, das weiße Shetlandpony, das von allen spöttisch nur nach Mutschs Hofhund genannt wurde, verließ seinen schattigen Platz unter dem großen Zwetschgenbaum und kam zum Eßtisch herüber.

„Na, da bist du ja, du Gauner", sagte Mutsch zärtlich und hielt ihm die mit Honig bestrichenen Brotkrusten hin, die sie längst für ihn bereitgehalten hatte.

„Ja, wenn wir Moschele und Zottel mitnehmen könnten, das wäre was anderes", sagte Bille.

„Und wo sollen die sitzen?" fragte Onkel Paul, ohne den Blick von der Zeitung zu wenden. „Rechts und links von dir auf dem Rücksitz?"

„Na siehst du, es geht nicht." Bille schaute auf Moischele, der sich den Honig von den Lippen schleckte. „Entschuldigt mich, ich hole Zottel. Was Moischele recht ist, ist Zottel noch zehnmal rechter."

„Na, dann ist es wohl mit der Frühstücksruhe aus", seufzte Onkel Paul und legte die Zeitung weg. „Fahren wir?"

„Ja", sagte Mutsch und beeilte sich, alles Eßbare vom Tisch zu räumen, ehe Zottel wie ein Schwarm Heuschrecken über die Reste des Frühstücks hereinbrach. „Bille?! Wir fahren jetzt ins Geschäft rüber."

„Ist gut. Laß alles stehen, ich räume den Tisch ab", rief Bille vom Stall her.

„Ja, denkste", murmelte Mutsch.

Als Bille mit Zottel an den Tisch zurückkam, lagen nur noch ein einzelnes Brötchen und zwei Stück Zucker da. Bille faßte in die Taschen ihrer Jeans und legte noch sechs Stück dazu, die sie vorher hatte verschwinden lassen.

„Kannste mal sehen!" murmelte sie. „Und Moischele kriegt Honigbrot – nur weil er vor ein paar Wochen noch ein klapperdürres Gerippe war!"

Bille rückte sich einen Stuhl in den Schatten und griff nach der Zeitung, während Zottel das Brötchen und die Zuckerstücke vertilgte. Ein

Foto mit Pferden darauf hatte ihre Neugier geweckt.

"Pferde-Safaris immer beliebter!"
hieß die Überschrift des Artikels. Und etwas kleiner stand darunter:

„Reiseveranstalter stellen wachsende Nachfrage nach Urlaubswanderungen hoch zu Roß fest."

„Hochinteressant!" sagte Bille laut.

Da wurden landauf-landab Pferde-Trekking-Touren organisiert, mit Planwagen oder im Sattel, mit Übernachtungen in Dorfgasthöfen oder im Zelt am Lagerfeuer. Die Leute mußten eine Menge Geld bezahlen für diesen Spaß, aber offensichtlich hielt sie das nicht davon ab, eine solche „Reise in die Romantik" zu buchen.

„He, bist du taub!"

„Hä?"

„Ich pfeife und pfeife und du hörst nicht!"

Vor ihr stand Karlchen, breitbeinig, die Hände in den Hosentaschen seiner ausgebeulten Jeans. Seine roten Haare leuchteten in der Morgensonne wie ein Feld voller Klatschmohn.

„Entschuldige, ich war so vertieft in diesen Artikel..."

„Hab ich gemerkt. Mein Moped ist wieder heil", kam Karlchen zur Sache. „Fährst du mit rüber nach Groß-Willmsdorf?"

„Prima, ich bring nur noch schnell Moischele und Zottel auf die Koppel. Hilfst du mir?"

„Klar."

Bille riß den Artikel über die Reiterferien heraus und steckte ihn zusammengefaltet in ihre Hosentasche. Dann schloß sie die Haustür ab, nahm Zottel am Halfter und öffnete das Tor. Karlchen folgte mit Moischele.

„Laß es solange offen, wir sind ja gleich zurück. Mannometer, was hast du denn mit deinem Moped angestellt?"

„Neue Farbe – mußte ja mal sein, die alte war schon so abgeblättert. Gefällt sie dir?"

„Na ja, immerhin originell – passend zur Haarfarbe: brandrot."

„Sieht ungeheuer schnell aus, ehrlich, die anderen denken, du machst hundertzwanzig Sachen, wenn du mit so 'ner Farbe um die Ecke fegst!"

"Hoffentlich denkt das Wachtmeister Bode nicht auch..."

"Na, so blöd wird er doch nicht sein. Schließlich fährt sein Sohn die gleiche Nuckelpinne."

"Und sonst hast du nicht ein bißchen dran rumgedreht? Um die Karre schneller zu machen?"

"Wofür hältst du mich?" fragte Karlchen ehrlich empört. "Hab ich das nötig? Ich kaufe mir sowieso bald einen alten Porsche."

"Hm. Sobald du in drei Jahren achtzehn geworden bist und im Lotto gewonnen hast, nicht wahr?"

"Genau."

Sie waren bei der Koppel angekommen, Bille öffnete das Gatter und verabschiedete die beiden Ponys mit einem zärtlichen Klaps.

"Habt einen schönen Tag, ihr beiden. Heute abend hole ich euch wieder ab."

"Ist Zottel eigentlich beleidigt, wenn du ihn nicht mit nach Groß-Willmsdorf nimmst?" erkundigte sich Karlchen.

"Ich glaube nicht. Er hat sich mit Moischele sehr gut angefreundet. Beleidigt ist nur

Black Arrow, wenn ich Zottel nicht mit nach Groß-Willmsdorf bringe. Du weißt ja, wie er an ihm hängt. Na komm, die Pflicht ruft. Ich will heute vier Pferde bewegen."

„Aber größenwahnsinnig wirst du nicht, oder?"

Karlchen holte sein plakatrotes Moped ab, und los ging die Fahrt, quer durch die Felder auf ausgefahrenen Sandwegen.

„Einen Parcours der SA-Klasse zu springen ist sanft gegen das, was du mir hier bietest!" brüllte Bille Karlchen ins Ohr. Aber nachdem er das drittemal „wie bitte" geschrien hatte, gab sie es auf.

Mit einem flotten Schlenker brachte Karlchen das Moped zum Stehen, genau neben den Hosenbeinen des Gutsverwalters Lohmeier, den er leider übersehen hatte.

Herr Lohmeier schnappte nach Luft, was ein Fehler war. Denn die Luft bestand im Augenblick nur aus dickem Staub, den Karlchen aufgewirbelt hatte.

„Wohl wahnsinnig geworden!" keuchte er. „Höchste Zeit, daß dir mal einer die Hosen strammzieht. Noch einmal so ein Lärm auf dem Hof, und du läßt dein Moped in Zukunft zu Hause, verstanden?"

„'tschuldigung", murmelte Karlchen. „Soll nicht mehr passieren."

„Siehste, er hat auch rot gesehen bei deiner neuen Farbe!" flüsterte Bille kichernd, als Herr Lohmeier außer Hörweite war.

Im Stall war es ruhig, fast alle Pferde waren bereits auf der Koppel. Nur Troja, Lohengrin, Iris und Black Arrow warteten auf das Morgentraining.

„Der Chef ist schon draußen, rief Hubert Bille zu. „Mit Sinfonie..."

„Aber auf dem Longierplatz ist er nicht! Ist er in die Reithalle gegangen mit ihr?"

„Er longiert ja nicht, er reitet!"

„Bist du verrückt? Das darf er doch noch gar nicht – und ausgerechnet Sinfonie!"

„Nun spiel man nicht sein Kindermädchen, er wird schon wissen, was er tut. Mal muß er ja wieder anfangen."

Bille machte auf der Stelle kehrt und rannte zum großen Reitplatz hinter dem Park. Tatsächlich – da ging Sinfonie in einem ruhigen Arbeitstrag, so behutsam, als wisse sie, daß sie ihren Reiter schonen müsse. Die launische Sinfonie! Und neben ihr trabte ihr kleiner Sohn Sindbad, als sei es das Selbstverständlichste auf der Welt.

„Da staunst du, was?" rief Herr Tiedjen. Sein Gesicht strahlte. „Ein herrliches Gefühl, endlich wieder im Sattel zu sitzen!"

„Und der Arzt hat es erlaubt?" fragte Bille skeptisch.

Herr Tiedjen grinste.

„Na, sagen wir – so halb und halb."

Also eigentlich nicht, dachte Bille. Aber wer kann Herrn Tiedjen schon zurückhalten?

„Eine Viertelstunde, dann mache ich Schluß", rief Herr Tiedjen. „Dann bist du dran. Ich möchte, daß du heute mit Black Arrow anfängst. Wir gehen in die Halle, da ist es ruhiger und kühler."

Es wurde für Bille ein harter Arbeitstag. Eine Stunde trainierte sie mit Black Arrow und dankte dem Himmel, daß die Ferien begonnen hatten und sie so gut ausgeruht war, denn der temperamentvolle Rappe kostete sie alle Kraft.

„Macht nicht so ein deprimiertes Gesicht", sagte Herr Tiedjen am Ende der Stunde lachend. „Ihr beide rauft euch schon zusammen. Und das silberne Reiterabzeichen machst du dann im nächsten Jahr mit ihm."

Anschließend ritt sie ihre Lieblingsstute Troja eine Stunde draußen in der Bahn.

Inzwischen waren Bettina, Daniel, Simon und Florian gekommen. Während Daniel und Florian bei Herrn Tiedjen Unterricht hatten, putzte sie Lohengrin und Iris und hoffte inständig, Herr Tiedjen würde von dem arbeitsreichen Vormittag zu erschöpft sein, um noch weiter zu unterrichten.

Aber ihre Hoffnung erfüllte sich nicht. Herr Tiedjen schien von seinem erfolgreichen ersten Ritt nach seinem Unfall so in Hochstimmung zu sein, daß ihm nichts zuviel wurde. Auch Simon und Bille kamen noch dran, und Bille entschied sich, den faulen, phlegmatischen Lohengrin zu reiten und nicht die temperamentvolle, schwer zu zügelnde Iris. Die hob sie sich lieber für den Nachmittag auf.

Der Unterricht war beendet, und Herr Tiedjen zog sich ins Haus zurück, um sich auszuruhen. Bille und ihre Freunde ließen sich erschöpft auf die Bank vor dem Stall fallen und streckten die Beine weit von sich.

„Gehen wir baden?" fragte Daniel.

„Ich bewege mich keinen Schritt mehr", stöhnte Bille und zog sich die Stiefel von den verschwitzten Füßen. Sie griff sich den Wasserschlauch, krempelte die Hosenbeine hoch und ließ den kalten Wasserstrahl über ihre Füße laufen.

„Hast du kein Badezeug da? Dann kannst du dich doch gleich ganz abduschen. Danach geht's dir sicher besser", schlug Bettina vor.

„Du wirst lachen, genau das gleiche habe ich auch gerade gedacht."

Bille verschwand in der Sattelkammer und zog sich um. Als sie ihre Jeans über den Hocker warf, erinnerte sie sich an den Artikel, den sie am Morgen eingesteckt hatte.

„Hier, habt ihr das gelesen?" fragte sie, als sie zu den anderen zurückkehrte.

„Zeig her, was ist das?"

Während Bille sich mit dem Wasserschlauch von oben bis unten abspritzte, studierten Bettina und die drei Jungen den Bericht über die Reiterferien.

„Na und?" sagte Daniel schließlich. „Davon habe ich schon oft gehört. Du willst doch nicht etwa mit so einer Reisegruppe losreiten!"

„Natürlich nicht..."

Bille richtete den Wasserstrahl auf ihr Gesicht und prustete. Ein herrliches Gefühl war das nach den anstrengenden Reitstunden!

„Ich nehme an, sie hat eher daran gedacht, selber so einen Verein ins Leben zu rufen", meinte Bettina.

„Genau das habe ich mir dabei gedacht", sagte Bille und sah die anderen der Reihe nach an. „So was könnten wir doch auch auf die Beine stellen. Natürlich nicht sofort – aber vielleicht nächstes Jahr! Wenn wir unsere Eltern und Herrn Tiedjen dazu überreden?"

„Ich glaube, das sind Wunschträume", meinte Simon kopfschüttelnd. „Uns fehlt doch jede Voraussetzung dafür! Stell dir mal vor, was es da alles zu organisieren gibt! Allein die Pferde – du mußt mindestens zehn bis fünfzehn lammfromme Gäule haben, die auch den dümmsten, unerfahrensten Reiter nicht abwerfen! Dann mußt du Unterkunft und Verpflegung für alle Beteiligten beschaffen! Außerdem sind wir noch nicht volljährig, wir dürfen ein solches Unternehmen vorläufig gar nicht starten. Heb dir das für später auf."

„Na ja, vergeßt es, war ja nur so 'ne Idee."

Bille legte ihr Handtuch auf die Bank und setzte sich mit angezogenen Beinen darauf.

„Mal in den Ferien woanders zu sein, wäre schon toll!" meinte Florian. „Warst du schon mal in den Bergen?"

„Nein. Meine Eltern fahren übernächste Woche zur Erholung ins Gebirge. Meine Mutter war früher einmal in den Alpen, seit der Zeit träumt sie davon, noch mal Urlaub in den Bergen zu machen. Ich selbst bin noch nicht über Hamburg hinausgekommen."

„Na immerhin!" Karlchens roter Schopf erschien in der Stalltür. „So weit weg war ich noch nie!"

„Wenn man auf dem Lande lebt, braucht man

nicht zu verreisen", sagte Daniel ohne rechte Überzeugung. „Man hat doch alles gratis – die gute Luft, die schöne Natur, Wasser zum Baden – wir haben sogar das Meer in der Nähe! Und die Pferde! Was kann man sich denn noch mehr wünschen?"

„Einfach mal was anderes zu sehen", sagte Simon. „Eine andere Landschaft, andere Gewässer – und andere Menschen."

„Na ja..."

Sie schwiegen eine ganze Weile, jeder hing seinen Gedanken nach.

„Und wenn wir einfach losreiten? Selber so eine Pferde-Safari machen? Wie lange braucht man von hier bis zu den Alpen?" fragte Bille plötzlich.

„Ist das dein Ernst?" Bettina bekam kugelrunde Augen.

„Warum nicht? Gepäck brauchen wir doch keines – oder jedenfalls nicht mehr, als in unsere Satteltaschen geht. Und um das Futter für unsere Pferde müssen wir uns jeweils an Ort und Stelle kümmern. Ebenso um das Quartier – wir könnten in Scheunen und Ställen schlafen –

und wenn's welche gibt, in Jugendherbergen.

„Hm." Daniel schaute Bille verschmitzt von der Seite an. „Es müßten ja nicht gleich die Alpen sein. Wir wollen ja keine Rekorde aufstellen. Aber die Idee ist nicht übel."

„Super ist sie!"

Florian sprang auf. Er stapfte aufgeregt hin und her, offensichtlich juckte es ihn schon in den Zehen, am liebsten wäre er sofort aufgebrochen.

„Warum sind wir eigentlich nicht schon früher auf die Idee gekommen?" sagte Simon. „Was brauchen wir Autos und Eisenbahn – schließlich haben wir unsere Pferde!"

„Mit denen können wir uns die ganze Welt erobern, wenn's drauf ankommt", in Bettinas Stimme klang ein unüberhörbarer Jubelton mit. „Stellt euch vor, wir reiten durch Frankreich – oder Spanien!"

„Warum nicht gleich durch Afrika?" spottete Karlchen, der mit gemischten Gefühlen zugehört hatte, denn er würde auf keinen Fall mit von der Partie sein. Er hatte sich noch nie auf den Rücken eines Pferdes gewagt.

„Also, vorerst wollen wir mal kleinere Brötchen backen", entschied Daniel. „Unsere nähere Umgebung ist auch sehr reizvoll."

Abschiedsschmerz und Reisefieber

Schon am Nachmittag rückten sie der Verwirklichung ihres Planes ein gutes Stück näher. Bille erzählte Herrn Tiedjen von ihrer Idee, während sie Iris sattelte.

„Hm – warum eigentlich nicht?" Herr Tiedjen schaute Bille nachdenklich an. „Vielleicht kann ich euch dabei auch helfen. Ich könnte euch da ein paar Adressen geben, von Reiterfreunden und Reitervereinen. Es kommt natürlich darauf an, wo ihr hinwollt. Aber nehmen wir einmal an, ihr nehmt als Ausgangspunkt das Gut eines Freundes von mir im Hunsrück. Er ist ein großer Pferdenarr und guter Reiter. Von dort aus könnt ihr wunderschöne Wanderungen zu

Pferde machen, und er wird euch Bauern oder Reitvereine nennen können, bei denen ihr Futter und Unterkunft für eure Pferde bekommt."

„Wirklich? Das wäre ja toll!"

Bille strahlte. Aber dann erlosch ihre Freude urplötzlich.

„Das geht ja gar nicht. Bis wir dort sind, sind die Ferien rum."

„Nein, bis dorthin müßtet ihr natürlich fahren."

„Ein Transport für fünf Pferde, das wird viel zu teuer. Das erlauben meine Eltern nie – und Herr und Frau Henrich bestimmt auch nicht."

„Nun ja – unseren großen Transportanhänger könnte ich euch ja für die Zeit leihen, da ich diesen Sommer auf keinem Turnier mehr antrete. Da wären schon zwei Pferde untergebracht. Nur fahren kann ich euch nicht. Aber sprecht doch erst mal mit euren Eltern, vielleicht finden die eine Möglichkeit."

Auf dem Heimweg nach Wedenbruck überlegte Bille hin und her, wie sie Mutsch und Onkel Paul ihren Plan am schonendsten beibringen könnte. Und plötzlich kam ihr die rettende Idee.

Hatte Mutsch nicht noch am Morgen versucht, sie zum Mitfahren zu bewegen? Das mußte sie ausnützen.

„Ich habe es mir überlegt", begann sie beim Abendbrot. „Ich werde euch auf der Reise begleiten. Allerdings nur ein Stück – und nur, wenn ihr bereit wäret mich zu ziehen."

„Dich zu ziehen? Kannst du das mal ein bißchen genauer erklären?" fragte Mutsch.

„Hat dein Wagen eigentlich eine Vorrichtung für einen Anhänger, Onkel Paul?"

„Ja, natürlich, das weißt du doch."

„Und wären zwei Pferde zu schwer für dein Auto?"

„Das kommt darauf an..."

„Möchtest du uns nicht endlich mal sagen, worum es eigentlich geht?"

Bille zog den Zeitungsartikel aus der hinteren Tasche ihrer Jeans. Er war schon etwas zerfetzt, aber mit dem Bericht über die Reiter-Safaris in der Hand fand Bille sich überzeugender. Sie erklärte in allen Einzelheiten, wie sie auf die Idee gekommen war und wie sie, Bettina und die drei Henrich-Jungen sich ihr Reiseabenteuer vorstellten.

„Und Herr Tiedjen stellt uns kostenlos seinen großen Pferdetransporter zur Verfügung. Nur ziehen müßte ihn einer."

„Ach..." Mutsch sah hilfeflehend auf Onkel Paul. Allerdings ohne Erfolg.

„Nun ja, alt genug seid ihr ja", sagte Onkel Paul. „Und wenn Herr Tiedjen das in Ordnung findet und seine Hilfe anbietet, wüßte ich nicht, warum wir nein sagen sollen. Wir hatten sowieso ein schlechtes Gewissen, dich einfach zu Hause zu lassen, stimmt es nicht, Olga?"

„Ja, aber, ich weiß nicht, schließlich..." Mutschs Protest versickerte, ehe er richtig zum Ausdruck gekommen war.

„Ich wußte, daß ihr vernünftige Leute seid!" sagte Bille mit einer gehörigen Portion Pathos. „Man muß Kinder auch mal ihre eigenen Erfahrungen machen lassen. Und schließlich haben wir einen Aufpasser! Daniel ist doch fast erwachsen, er wird dieses Jahr achtzehn!"

„Ich möchte aber erst mal mit Henrichs sprechen", sagte Mutsch und stellte das Geschirr zusammen.

„Das kannst du gleich tun. Ich wollte sowieso gerade Bettina anrufen, um ihr zu sagen, daß Herr Tiedjen uns seinen Transporter leiht. Dann brauchen wir nur noch den von Henrichs, und alle Pferde sind untergebracht."

Bevor Mutsch etwas sagen konnte, lief Bille hinaus ans Telefon. Mutsch zuckte resignierend mit den Schultern. Bille erzählte Bettina schnell, was es an Neuigkeiten gab.

„Gut, daß du angerufen hast", sagte Bettina. „Wir sind noch mitten in der Diskussion – deine Informationen kommen genau im richtigen Moment! Ich rufe dich später wieder an, okay?"

„Okay, vergiß es nicht – ich warte! Und ich drück euch feste die Daumen!"

Bille legte den Hörer auf und hockte sich neben dem Telefon auf den Fußboden. Durch die Tür hörte sie, wie Mutsch mit Onkel Paul über ihren Plan sprach.

Bille konnte nicht verstehen, was Mutsch sagte, aber es klang aufgeregt, ängstlich und manchmal vorwurfsvoll. Onkel Paul sprach beruhigend. Bille drückte unwillkürlich ihre Daumen fest in die Handflächen. Es muß klappen! sagte sie sich. Es muß einfach!

„Und was machen wir mit Moischele?" hörte Bille Mutsch plötzlich herausplatzen. „Der arme Kerl kann doch nicht die ganze Zeit allein auf der Koppel bleiben!"

„Aber nein! Wir werden ihn Karlchen Brodersen anvertrauen. Der wird ihn bestimmt erstklassig versorgen."

„Der arme Kleine, ich möchte nicht, daß er denkt, er würde schon wieder ausgesetzt..."

„Nun mach aber mal halblang!" sagte Onkel Paul. „Karlchen sorgt für ihn wie eine Mutter, wenn ich ihn darum bitte. Und was Moischele betrifft: Du kannst ihm ja jeden Tag eine Postkarte schreiben, wenn du glaubst, daß er nicht ohne dich leben kann."

Mutsch lachte hell auf.

Na bestens, dachte Bille. Die Sache ist gelaufen. Sie stand auf und ging in die Küche hinüber. Es konnte nichts schaden, wenn sie in den kommenden Tagen ein bißchen mehr die hilfsbereite Tochter herauskehrte, das Geschirr abwusch, ohne darum gebeten worden zu sein, und Mutsch im Haushalt half, wo sie konnte.

Endlich klingelte das Telefon. Bille streifte das schaumige Abwaschwasser von den Händen und rannte hinaus. Aber Mutsch war schneller gewesen.

„Ja, Frau Henrich", hörte sie Mutsch sagen, „das ist richtig. Mein Mann und ich werden den Transporter von Herrn Tiedjen an unseren Wagen hängen und die Kinder dort abliefern – und sie später auf der Rückreise wieder einsammeln. Oh, Ihr Mann selbst? Das ist schön! Ja, nächste Woche schon. Ja, das wäre gut. Paßt es Ihnen morgen abend? Dann können wir alles besprechen."

Bille machte einen Luftsprung und unterdrückte nur mit Mühe einen lauten Jubelschrei. Henrichs hatten also ihre Zustimmung gegeben! Ihre Reiter-Safari wurde tatsächlich Wirklichkeit!

Als Bille später im Bett lag, begann sie sich die Reise vorzustellen. Es war alles so schnell gegangen, daß sie noch kaum begriffen hatte, was da auf sie zukam.

Vierzehn Tage lang würden sie durch eine fremde Gegend reiten, würden Futter für ihre Pferde organisieren müssen und einen Platz, wo sie nachts schlafen konnten. Und wenn sie nichts fanden, würden sie sich in ihre Pferdedecken rollen und im Freien schlafen. Sie würden um ein Lagerfeuer sitzen und sich etwas zu essen bereiten.

Und wenn einer krank wurde? Wenn ein Pferd sich verletzte? Wenn sie bestohlen, überfallen wurden?

Ach was, schließlich waren sie zu fünft – und sie ritten nicht durch Tibet oder Afrika! Sie würden sich schon zu helfen wissen! Was konnte ihnen schon passieren? Trotzdem konnte es Bille nicht verhindern, daß sich irgendwo im Innern ihres Magens ein kleiner Tausendfüßler auf die Wanderschaft begab und ständig im Kreis lief, so sehr sie das kribbelnde Gefühl auch zu unterdrücken versuchte.

Am nächsten Tag begannen sie mit den Vorbereitungen für ihre Reise. Herr Tiedjen telefonierte mit seinem Freund, und nachdem man dessen Einverständnis in der Tasche hatte, konnte man sich mit der Strecke befassen.

„Wieviel Kilometer werden wir pro Tag schaffen, ohne die Pferde zu überanstrengen?" fragte Bettina.

„Dreißig bis fünfunddreißig schätze ich", antwortete Daniel. „Am besten, wir suchen uns im Umkreis von zweihundert Kilometern die interessantesten Punkte und Sehenswürdigkeiten heraus sowie die örtlichen Reitervereine und Reitschulen. Und natürlich die Jugendherbergen."

„Das wird ja eine Doktorarbeit", stöhnte Florian.

„Unsinn!" Bille griff in Onkel Pauls Bücherschrank und holte einen Stapel Straßenkarten hervor. „Hier – auf dieser Karte sind die Sehenswürdigkeiten bereits eingezeichnet. Kirchen, Burgen, Schlösser, Seen und Flüsse. Außerdem hat sie Markierungen für Sportmöglichkeiten und Wanderwege. Und nicht mal ein Hinweis auf Jugendherbergen fehlt. Onkel Paul hat gewiß nichts dagegen, wenn wir sie mitnehmen."

„Na, siehst du. Und an Ort und Stelle können

wir uns sicher noch eine Karte mit einem größeren Maßstab besorgen", sagte Simon. „Viel wichtiger ist, daß wir genau festlegen, was wir mit auf die Reise nehmen müssen – und was alles nicht. Denn wir müssen uns auf das Notwendigste beschränken!"

Florian grinste von einem Ohr zum anderen. „Ich lasse meine Zahnbürste hier, sie nimmt soviel Platz weg."

„Hahaha – du kannst dir in den zwei Wochen die Zähne ruhig mit der Kardätsche putzen, es wird ihnen guttun", stichelte Daniel. „Laß deine Zahnbürste nur zu Hause. Die ersten paar Tage helfe ich dir, damit deine Beißerchen auch richtig sauber werden."

„Einmal Unterwäsche zum Wechseln reicht, die Mädchen können ja abends waschen", sagte Simon.

„Wenn ihr dafür unsere Pferde putzt, habe ich nichts dagegen", meinte Bettina gleichmütig.

„Ich finde, wir sollten alle Arbeit gerecht unter uns aufteilen, jeder muß alles mal gemacht haben: kochen, abwaschen, Wäsche waschen und Knöpfe annähen – so wird wenigstens keiner benachteiligt", schlug Bille vor.

„Okay."

„Einverstanden."

„Gut – und am Schluß verteilen wir Noten – für den besten Koch, den besten Abwäscher und so weiter. Ich bin der beste Koch!" erklärte Florian.

„Der beste Esser meinst du wohl..."

Simon schlug seinen Schreibblock auf und zückte den Bleistift.

„Also, laßt uns mal notieren. Regenschutz ist wichtig. Strümpfe und Unterwäsche zum Wechseln, T-Shirts und ein warmer Pulli. Alles so leicht wie möglich. Waschzeug..."

„Eine Hausapotheke – auch für die Pferde unheimlich wichtig!" warf Bille ein.

„Richtig."

„Dann muß jeder einen Teller, einen Becher und ein Besteck haben – am besten aus Plastik oder Aluminium. Und wenn wir selber kochen wollen, brauchen wir einen Kochtopf und eine Pfanne sowie einen Kochlöffel, eine Kelle und einen Dosenöffner", sagte Bettina.

„Am besten, wir nehmen gleich Moischele als

Packpferd mit. Wenn ich mir das so anhöre..."
Daniel kratzte sich nachdenklich am Kopf.

„Ach Quatsch! Ich werde Mutsch bitten, uns zu beraten und vielleicht extra leichte Sachen zu besorgen – wozu haben wir schließlich den Sparmarkt?"

„Wir müssen die Sachen nur vernünftig unter uns aufteilen und so packen, daß sie weder Pferd noch Reiter stören", pflichtete Simon Bille bei. „Auf gewisse Dinge kann man nun mal nicht verzichten. Zum Beispiel Putzzeug für die Pferde, Decken – schließlich machen's die Cowboys im Wilden Westen doch auch nicht anders."

„Und dazu müssen sie noch den ganzen Whisky mitschleppen, den sie von morgens bis abends trinken", eiferte sich Florian.

„Spinner. Die haben höchstens Feldflaschen mit Wasser bei sich – den Whisky trinken sie doch im Saloon!"

„Aber die viele Munition und die Colts! Und was allein die Lassos wiegen!"

„Also reden wir nun über den Wilden Westen oder über unsere Reise", mahnte Bettina.

"Bleibt doch mal bei der Sache."

"Was ist mit einem Zelt?" fragte Bille.

"Das kannst du vergessen. Viel zu schwer. Außerdem brauchten wir ja mindestens zwei..."

"Eins für die Damen, eins für die Herren – und ein Kinderzelt für Florian."

"Wieso – ich hab doch noch gar keine Kinder!" Florian hatte nicht die Absicht, sich heute ärgern zu lassen – nicht mal von Daniel.

"Aber Schlafsäcke müssen wir mitnehmen. Falls wir wirklich öfter mal im Freien übernachten."

"Ja – das wird sich wohl nicht vermeiden lassen."

Simon notierte seufzend auch die Schlafsäcke.

"Kinder, Kinder, ich seh uns schon kochtopf- und pfannenklappernd durch die Wälder traben, die Pferde in Schlafsäcke gehüllt wie weiland die alten Schlachtrösser...", sagte Daniel kopfschüttelnd. "Habt ihr die Absicht, auch den gesamten Proviant mitzuschleppen?"

"Nur das Nötigste", antwortete Bille ungerührt. „Und was das Nötigste ist, bestimmt euer Appetit."

„Das heißt – wer den größten Hunger hat, schleppt auch am meisten", Bettina sah Florian durchdringend an, „oder im wahrsten Sinne des Wortes. Das hilft nämlich."

Florian tippte sich an die Stirn.

„Ich weiß eine Menge Sachen, die nahrhaft sind und kaum was wiegen: Schokolade zum Beispiel!"

„Das sehe ich mir an – wie du dich zwei Wochen lang von Schokolade ernährst!"

„Habt ihr eigentlich alle gültige Personalausweise?" unterbrach Simon die Kabbelei. „Und die Reiterabzeichen dürft ihr nicht vergessen, wenn wir in fremde Reitervereine kommen, sind sie uns vielleicht nützlich."

„Darauf wäre ich gar nicht gekommen." Daniel reckte sich gähnend. „Fehlt nur noch, daß du uns an Schreibzeug erinnerst – für die Briefe nach Hause!"

„Wollte ich gerade tun."

„Siehste."

„So – ich glaube, jetzt haben wir alles zusammen. Bitte sehr, ihr könnt euch die Liste abschreiben. Alles klar?"

„Alles klar. Nur eins hast du vergessen..." Bille schnitt eine Grimasse und hob mahnend den Finger, „die Schulbücher! Damit wir in den Ferien fleißig lernen können!" kicherte sie.

Das kann ja heiter werden!

Das Gestüt Buchenfeld lag oberhalb eines Tals an einem Hang, von dem aus man einen herrlichen Blick weit über das Land hatte. Die Abendsonne spiegelte sich in den Fenstern, als Onkel Pauls Auto mit dem Anhänger, in dem Zottel und Sternchen reisten, durch ein mächtiges Tor auf den Hof einbog. Hinter ihm folgte der Transporter mit den Pferden der drei Henrich-Brüder. Daniel saß vorn neben seinem Vater auf dem Beifahrersitz, Simon und Florian hatten es sich hinten bei den Pferden bequem gemacht.

Links und rechts von der Toreinfahrt erstreckten sich gepflegte Stallgebäude bis an das Gutshaus, das die Stirnseite des Platzes ausfüllte. Eine riesige Eiche stand wie ein Denkmal in der Mitte des Hofes. Nicht weit davon gab es eine Tränke, die aus alten Mühlrädern gebaut war. Dutzende von Geranientöpfen schmückten die Fensterbretter. Auf dem Heuboden dösten ein paar Katzen in der Abendsonne.

Bille sprang aus dem Wagen und reckte sich.
„Geschafft! Bin ich froh..."
„Oh, ist das hübsch hier!" Mutsch war ebenfalls ausgestiegen und sah sich um. „So anheimelnd und romantisch – wie eine Theaterkulisse!"

Im Stall neben ihnen klapperten Tränkeimer. Dann erschien ein schmalgesichtiges Mädchen in der Tür. Ihre rotblonden Haare kringelten sich zu widerspenstigen Locken um die Stirn, ihre Augen hatten die Farbe der Ostsee bei Sturm, ein dunkles Blaugrün, und auf der Nase tummelte sich eine beträchtliche Anzahl von Sommersprossen.

„Oh, da seid ihr ja!"

Das Mädchen wischte die Hände an ihren in allen Farben schillernden Jeans ab und lief auf sie zu. Sie begrüßte Mutsch und Onkel Paul mit einem kräftigen Händedruck und einem leichten Einknicken der rechten Hüfte, das wohl den von den gestrengen Eltern verlangten Knicks andeuten sollte. Nachdem sie auch Herrn Henrich begrüßt hatte, schüttelte sie Bille, Bettina und den drei Jungen die Hand.

„Ich bin Joy", sagte sie. „Meine Eltern mußten heute in die Stadt, sie werden sicher jeden Augenblick zurück sein. Darf ich Sie inzwischen ins Haus führen?"

„Ja, ich weiß nicht", Mutsch schaute fragend auf Onkel Paul, „wir wollen heute noch weiterfahren..."

„Aber einen Tee darf ich Ihnen doch sicher anbieten. Oder vielleicht ein Glas Wein?"

Bille sah Mutsch an, wie sie im stillen Vergleiche zwischen dieser wohlerzogenen jungen Dame und ihrer eigenen Tochter anstellte.

„Wir werden dann erst mal eure Pferde ausladen, okay?" wandte sich Joy an die beiden Mädchen. „Wartet, ich bin gleich wieder zurück! Bitte kommen Sie mit..."

Joy ging den drei Erwachsenen voraus zum Haus hinüber. Daniel starrte ihr nach, als wäre eben vor seinen Augen ein Ufo gelandet, um sofort wieder in den Himmel zu entschweben.

„Mach den Mund zu, alter Junge! Sonst verschluckst du noch 'ne Mücke!"

Simon knuffte den Bruder freundschaftlich in die Seite.

„Hast du die gesehn", sagte Daniel rauh, und in seinem Hals gaben gleich ein halbes Dutzend Frösche ein Konzert.

„Hm. Scheint ein ganz duftes Mädchen zu sein. Nun komm, hilf uns, die Pferde auszuladen."

Als Joy aus dem Haus kam, standen Asterix, Pünktchen, Bongo, Sternchen und Zottel schon auf dem Hof an der Tränke und löschten ihren Durst. Joy betrachtete einen nach dem anderen fachmännisch.

„Laßt mich raten, welches Pferd wem von euch gehört..." Sie legte den Kopf schief und betrachtete Asterix, dann sah sie zu Daniel empor. Dessen Gesicht bekam die Farbe einer knallroten Tomate.

„Der Schimmel gehört dir, nicht wahr?"

Daniel nickte stumm.

„Und dir..." Joy sah Simon an, „dir gehört die Fuchsstute, richtig?"

„Stimmt genau."

„Das andere ist leicht. Dir..." Sie zeigte auf Bettina, „gehört der Rappe. Und dir...", sie tippte Bille an, „gehört bestimmt die Haflingerstute. Und der da ist deiner!" Sie zeigte erst auf Zottel, dann auf Florian.

„Falsch!" Bille lachte. „Aber bevor wir dir verraten, wem welches Pferd gehört, sag du uns, wieso du darauf gekommen bist, Bongo müsse Bettina und Sternchen mir gehören?"

„Keine Ahnung. Vielleicht wegen der Haarfarbe – dem schwarzen Mädchen der Rappe, dem Mädchen mit der haflinger-blonden Mähne die Haflingerstute..."

„Und dem Jungen mit dem dicksten Bauch das dickste Pony", vollendete Simon den Satz.

In das allgemeine Gelächter hinein tönte kräftiges Hupen.

„Da kommen meine Eltern. Schnell, laßt uns

die Pferde in den Stall bringen..."

„Warum?" fragte Daniel verblüfft. „Ich denke, dein Vater mag Pferde?"

„Das erkläre ich dir später."

Joy ergriff Asterix, der ihr am nächsten stand, und zog ihn zum Stall hinüber. Bille und Bettina folgten mit Zottel und Sternchen. Auf der kurvenreichen Zufahrtsstraße unterhalb des Gutshofes näherte sich mit heulendem Motor ein Jeep.

Der Stall war hell und gepflegt. Die letzten drei Boxen waren für die Gastpferde vorbereitet.

„Unsere Pferde sind noch draußen. Kurt und Baumann, unsere Pferdepfleger, holen sie gerade herein. Ein Teil bleibt auch nachts draußen – in den Sommerställen. Vater hat sie bauen lassen, weil unsere Weideplätze so weit vom Hof entfernt liegen", erklärte Joy.

„Und dort sind die Pferde ganz sich selbst überlassen?"

„Natürlich nicht, zwei Pferdepfleger betreuen sie abwechselnd. Und Vater fährt jeden Tag einmal hinüber."

„Also steht euer Stall den ganzen Sommer fast leer?" fragte Bille weiter.

„Das nun auch wieder nicht. Wir vermieten die Boxen an Privatpferdebesitzer, die hier Urlaub machen wollen. Wir haben sogar ein paar Gastzimmer über den Ställen – da werdet auch ihr heute übernachten. Ich zeige sie euch gleich. Aber die meisten Leute wohnen im Hotel unten im Dorf – dort ist es luxuriöser als bei uns. Außerdem werden manchmal auch Pferde zu uns geschickt, die sich hier erholen sollen."

„Das muß doch herrlich für dich sein – immer neue Pferde betreuen zu dürfen!"

„Normalerweise schon, aber..." Joy brach ab. „Na kommt, ich zeige euch noch schnell mein Pferd, dann muß ich hinein."

Joy führte Bille und ihre Freunde durch einen Hintereingang aus dem Stall heraus und zu einer kleinen Koppel, die im Schatten einer ganzen Kolonie von Apfelbäumen lag. Am Gatter wartete eine zierliche Grauschimmelstute, deren Fell fast bläulich schimmerte.

„Donnerwetter!" platzte Daniel heraus. „Das

ist ja eine Schönheit! Sie hat den hübschesten Kopf, den ich je bei einem Pferd gesehen habe!"

„Sie hat Araberblut", erklärte Joy stolz.

„Und wie heißt sie?" fragte Bille und trat näher an die Stute heran.

„Saphir. Paßt das nicht gut zu ihr?"

„Phantastisch!" Bille streichelte Saphir zart über das Maul. „Wie alt ist sie?"

„Zwölf. Sie kam zur Erholung zu uns – in einem jämmerlichen Zustand. Ihr voriger Besitzer wollte um jeden Preis ein gutes Military-Pferd aus ihr machen. Aber sie war dem einfach nicht gewachsen. Da hat Vater sie für mich gekauft."

„Dein Vater muß ein fabelhafter Mann sein..."

„Hm..." Joy schnitt eine Grimasse. „Entschuldigt mich jetzt bitte, ich muß rein. Baumann und Kurt kommen gerade mit den Pferden zurück, sie werden euch alles zeigen."

Ehe Bille noch etwas fragen konnte, war Joy davongelaufen.

„Komisches Mädchen, warum hat sie es so eilig, von uns wegzukommen?" fragte Bettina kopfschüttelnd.

„Vielleicht hatte sie ein schlechtes Gewissen, daß sie sich nicht um Mutsch, Onkel Paul und euren Vater gekümmert hat und statt dessen bei uns war. Na kommt, füttern wir erst mal unsere müden Rösser."

Im Stall ging es inzwischen lebhaft zu, die Boxen hatten sich gefüllt, Pferdenasen tauchten tief in die mit Hafer gefüllten Krippen ein. Die Luft war erfüllt vom Geräusch der malmenden Mäuler und von fröhlichem Schnauben.

Bille sah sich nach dem Pferdepfleger um. Da vorn stand er, ein Mann wie ein Gartenzwerg ohne Zipfelmütze, mit einem braungebrannten, zerfurchten Gesicht und lachenden Augen. Und neben ihm stand Zottel, die Nase tief in die Haferkiste vergraben.

„Ah, da seid ihr ja, 'n Abend, ich bin Baumann", begrüßte der kleine Mann die Gäste. Und zu Zottel gewandt fügte er mitleidig hinzu: „Armer Kerl, hat wohl lange nichts bekommen, scheint ganz ausgehungert zu sein..."

Bille wurde rot und zog ihren Liebling gewaltsam von der Kiste weg.

„Entschuldigen Sie bitte, aber er hat miserable Manieren! Er ist das gefräßigste Tier, das auf dem ganzen Erdboden herumläuft!"

Herr Baumann lachte vergnügt.

„Besser, als wenn sie so heikel sind. Ich hab übrigens euren Pferden schon was gegeben, war doch recht so?"

„Oh, herzlichen Dank! Aber das hätten wir doch auch selber tun können", sagte Bettina schnell. „Joy wollte uns nur erst ihr Pferd zeigen. Dürfen wir Ihnen helfen? Sagen Sie uns doch bitte, was wir tun können!"

„Nicht nötig, laßt nur. Kurt und ich machen das schon. Kümmert ihr euch nur um euer Gepäck. Eure Quartiere sind hier über dem Stall, die Treppe findet ihr hinter der Tür links neben der Stalltür. Und zum Abendbrot möchtet ihr rübergehen ins Haus."

„Danke, Herr Baumann."

In der Stallgasse tauchte ein Jüngling auf, der an eine Stecknadel erinnerte. Er war lang und dünn, und auf einem dürren Hals mit einem enormen Adamsapfel saß ein runder kleiner Kopf.

„Das ist Kurt", stellte Herr Baumann vor. „Kurt, du kannst den jungen Herrschaften helfen, den Transporter in die Scheune zu schieben. Der andere geht ja wohl morgen früh wieder zurück."

Bille und ihre Freunde folgten Kurt auf den Hof und begannen, das Gepäck auszuladen. Daniel und Simon griffen, soviel sie tragen konnten und stiegen die schmalen, ausgetretenen Stufen zu den Zimmern über dem Stall hinauf. Von oben hörte man einen dumpfen Knall.

„Aha", sagte Kurt, „hab ich mir gedacht."

Drinnen fluchte Daniel fürchterlich.

„Was haben Sie sich gedacht, Kurt?" fragte Bettina, erschreckt von Daniels Tobsuchtsanfall.

„Er hat sich den Kopf gestoßen. Der Treppenaufgang ist so niedrig."

„Warum haben Sie ihn denn nicht gewarnt?"

„Ich wollte mal sehen, ob er's merkt. Die meisten merken's nicht."

„Gemütsmensch!" murmelte Bille.

Vom Haus her kamen Mutsch und Onkel

Paul in Begleitung einer Dame, die aussah wie Joy, nur ein wenig älter. Ihnen folgte Herr Henrich mit Joys Vater.

„Darf ich Ihnen meine Tochter vorstellen", sagte Mutsch und nahm Bille bei den Schultern. „Bille, das ist Frau Hoffmann."

Bille gab Frau Hoffmann die Hand und verzichtete auf die eingeknickte Hüfte. Dann stellte Herr Henrich Bettina und seine drei Söhne vor, und Hoffmanns schüttelten jedem die Hand. Bille kam sich vor wie bei einem Staatsempfang.

„Tja, wir werden uns dann verabschieden", sagte Mutsch, und das Händeschütteln begann von neuem.

Mutsch umarmte Bille heftig und steckte ihr einen Zettel zu.

„Hier hast du noch mal unsere Telefonnummer. Hotel Alpenrose. Am besten du rufst abends an. Vergiß es nicht, sonst sorge ich mich halbtot! Und das hier – für die Telefongebühren...", sie steckte Bille verschämt einen Geldschein in die Hand.

„Aber Mutsch – du hast mir doch schon genug

Geld gegeben!"

„Psst! Steck es weg. Nimm's einfach als Reserve. Man kann ja nie wissen."

Mutsch gab ihr einen Kuß, dann wandte sie sich den anderen zu. Onkel Paul nahm Bille in die Arme und drückte sie heftig an sich.

„Paß gut auf dich auf! Und vergiß nicht anzurufen. Mutsch ängstigt sich sonst zu Tode. Hier – für die Telefongebühren, nur so zur Sicherheit, falls du nicht auskommst..."

Wieder knisterte ein Geldschein in Billes Hand.

„Aber Onkel Paul, ich..."

„Pssst! Mutsch braucht es nicht zu wissen. Steck es weg."

„Danke, Onkel Paul. Gute Reise! Und erholt euch gut!"

Mutsch und Onkel Paul stiegen ein, und der Wagen rollte zum Tor hinaus. Ein letztes Winken noch, dann waren sie verschwunden. Bille fühlte einen Kloß im Hals. Es war das erstemal, daß sie für längere Zeit von Mutsch getrennt war. Ein komisches Gefühl – mit aller Gewalt schluckte sie die Beklemmung hinunter und wandte sich den anderen zu.

Erst jetzt sah sie, daß Daniel ein nasses Taschentuch auf seine Stirn preßte. Er war offensichtlich bemüht, sich im Hintergrund zu halten und den Blicken der Anwesenden auszuweichen. Bille trat zu ihm.

„He, was ist los? Zeig her!"

Daniel stellte sich so, daß die anderen ihn nicht sehen konnten, und lüftete das Taschentuch mit dem Ausdruck tiefsten Weltschmerzes. Zum Vorschein kam eine pflaumengroße Beule.

„Das fängt ja gut an", stöhnte Bille. „Komm mit rauf, ich mach dir ein Pflaster drüber. Außerdem haben wir eine Salbe gegen so was, glaube ich."

Die Stübchen waren klein und einfach eingerichtet, kein Wunder, daß die meisten Reiter es vorzogen, im Hotel zu wohnen. Aber Bille fühlte sich sofort pudelwohl in der niedrigen kleinen Kammer mit den rot-weiß-karierten Vorhängen. Es erinnerte sie an das Strohdachhaus, in dem sie noch im vorigen Jahr mit Mutsch gewohnt hatte, und sie bedauerte, nur eine Nacht hier verbringen zu können.

Daniels Beule wurde verarztet, dann ging es ins Gutshaus hinüber zum Abendbrot. In einer herrlich altmodischen Bauernküche war der Tisch gedeckt, ein großer runder Holztisch, bei dessen Umfang man sich unwillkürlich überlegte, wie er wohl hier hereingebracht worden war. Oder hatte man das Haus um den Tisch herum gebaut, wie manche Leute es mit schönen alten Bäumen taten?

Es gab Bauerngeräuchertes, Würste aller Art, Käse und Tomaten, dazu selbstgebackenes Brot und selbstgepreßten Traubensaft. Herrlich schmeckte es.

„Nun – in welche Richtung werdet ihr denn morgen davonreiten?" fragte Herr Hoffmann schließlich.

„Nach Westen...", sagte Simon und zog seinen Plan heraus, den er ständig bei sich trug. „Wir haben uns auf der Herfahrt im nächsten Ort schon eine Wanderkarte besorgt – zusätzlich zu unserer großen Karte. Hier..." Simon breitete die Karte vor Herrn Hoffmann aus, „wir wollen versuchen, in diesem Dorf Futter und Unterkunft für die Pferde zu finden. Wenn es nicht klappt, müssen wir weiter bis zum nächsten Ort, wo es einen Reitverein gibt. Also je nachdem – 28 oder 32 Kilometer werden wir reiten".

„Hm…" Herr Hoffmann nickte anerkennend. „Da habt ihr euch eine besonders hübsche Strecke herausgesucht. Auf den Spuren des Schinderhannes – ihr werdet staunen, wie einsam es hier oben in unseren Wäldern noch ist!"

„Es ist euch doch recht, wenn ich euch für den ersten Tag Proviant mitgebe?" fragte Frau Hoffmann.

„Au ja, prima!" platzte Florian heraus, ehe einer der anderen aus Höflichkeit ablehnen konnte.

„Hast du nicht Lust mitzukommen?" fragte Bille Joy, nachdem sie schon eine ganze Weile Daniels sehnsüchtige Blicke verfolgt hatte.

„Sie kann leider nicht, sie reist morgen mittag ab ins Internat", sagte Herr Hoffmann mit leichter Schärfe in der Stimme, bevor Joy den Mund aufmachen konnte. Und zu seiner Tochter gewandt fuhr er fort: „Hast du Saphir schon rübergebracht?"

„Nein, Vater."

„Dann tu es bitte morgen früh als erstes."

„Ja, Vater."

„Wie lange bist du schon im Internat?" fragte Bettina.

„Erst ab morgen", sagte Joy düster. „Vorher ging ich hier in der Kreisstadt aufs Gymnasium."

„Freust du dich darauf?"

„Möchtest du noch Brot?" fragte Joy, um der Antwort zu entgehen.

„Nein, vielen Dank, ich kann wirklich nicht mehr."

Herr Hoffmann wandte sich wieder Herrn Henrich zu. Sie unterhielten sich über die Landwirtschaft, über Pferdezucht und Turniere und über Herrn Tiedjens Unfall, der ihn gezwungen hatte, diesen Sommer alle Turniere abzusagen. Schließlich verabschiedete sich Herr Henrich, um in sein Hotel im nächsten Ort zu fahren, von wo aus er am nächsten Tag in aller Frühe starten wollte.

„Und ihr solltet heute auch pünktlich zu Bett

gehen", ermahnte er die Kinder. „Die Fahrt heute war anstrengend, und ihr wollt doch morgen ausgeruht sein."

„Um sieben Uhr gibt es Frühstück. Dann könnt ihr um acht Uhr auf dem Weg sein", sagte Frau Hoffmann. „Sicher wollt ihr vor eurer Safari noch mal eine heiße Dusche nehmen. Joy zeigt euch den Weg."

„Verstehst du dich nicht gut mit deinem Vater?" fragte Bille, als sie mit Joy über den Hof gingen.

„Normalerweise vertragen wir uns prima", antwortete Joy zögernd. „Nur im Augenblick haben wir Krach miteinander. Aber ich werd's ihm schon zeigen…"

Mehr zu sagen war sie nicht bereit. Sie führte Bille und ihre Freunde zu dem kleinen Raum neben der Sattelkammer, in dem ihr Vater für die Reiter, die auf dem Hof zu Gast waren, eine Dusche hatte installieren lassen.

„Nicht sehr komfortabel, aber es kommt heißes Wasser raus, wenn man eine Weile wartet", erklärte sie. „Also, ihr reitet morgen bis Rattisweiler?"

„Oder bis Limmern, je nachdem."
„Hmhm."
„Hier, ich zeig dir die ganze Strecke, die wir uns vorgenommen haben", Simon zog eifrig die Karte heraus und hielt sie Joy vor die Nase. „Wir werden den ganzen Hunsrück in Schlangenlinien durchforschen."

Joy studierte eine ganze Weile die Karte.
„Das ist eine prima Tour", sagte sie nur. „Also dann gute Nacht. Schlaft gut."

„Ehrlich gesagt, werde ich nicht ganz schlau aus ihr", meinte Bille, als Joy im Dunkel verschwunden war.

„Ja, sehr redselig ist sie nicht gerade. Na kommt. Wer geht zuerst unter die Dusche?" Daniel sah sich um. „Florian, der Jüngste hat immer den Vortritt."

„Immer? Daran werde ich dich bei gegebenem Anlaß noch erinnern."

„Ja, spätestens in der ersten Bäckerei, die für uns fünf nur noch vier Stück Kuchen hat", sagte Bettina lachend. „Nun geh schon!"

Sie schliefen traumlos und fest. Das Rauschen der Bäume begleitete ihren Schlaf, es wurde stärker und stärker.

„Ach du lieber Himmel! Na, das kann ja gut werden!"

Bille rieb sich die Augen und blinzelte verschlafen zu Bettina hinüber, die aufrecht im Bett saß.

„Was ist los? Warum brüllst du hier so rum in aller Herrgottsfrühe?"

„Schau doch mal raus!"

Bille richtete sich auf. Verdammt! Was sie für das Rauschen der Bäume gehalten hatte, war Regen gewesen! Ein vorhangdichter Strippenregen rauschte vom Himmel!

„He, seid ihr wach? Habt ihr schon rausgesehen?" rief Daniel durch die Tür.

„Wir sind gerade dabei, den Schock zu verdauen. Was machen wir nun?"

„Ganz klar!" kam Simons Stimme aus dem Hintergrund. „Wir reiten!"

Blinder Passagier an Bord

Natürlich hatte Simon recht. Zwar berieten sie noch eine Weile, ob es nicht besser wäre, den Start um einen Tag zu verschieben, aber wer garantierte, daß das Wetter am nächsten Tag besser war? Sollten sie von einem Tag auf den anderen auf Sonnenschein warten und darüber die ganze Zeit in Buchenfeld verbummeln?

Also ritten sie, in Regenjacken gehüllt, das Gepäck mit Plastikhüllen zugedeckt, los, wild entschlossen, sich die Laune durch kein noch so schlechtes Wetter verderben zu lassen.

Gleich hinter dem Hof legten sie einen flotten Trab ein. Und als sie nach ein paar Minuten den Hochwald erreicht hatten und zwischen den Bäumen untertauchten, dampften Pferde und Reiter bereits, als kämen sie aus der Sauna.

Im Wald fiel der Regen nur spärlich. Wenn man nicht die Zweige streifte und damit einen kräftigen Tropfenregen über sich ergoß, spürte man die Nässe kaum.

„Wann machen wir eigentlich Mittagspause?" fragte Florian.

„Wieso, du hast doch gerade erst gefrühstückt?" fragte Bille zurück, die hinter ihm ritt.

„Und wie...", fügte Bettina hinzu.

„Ich meine nur so – man muß sich doch darüber mal Gedanken machen."

„Wenn es aufgehört hat zu regnen", sagte Daniel lakonisch.

„Und wenn es nicht aufhört?"

„Dann wirst du verhungern. Ist doch logisch, oder?" Daniel drehte sich grinsend zu seinem kleinen Bruder um. „Joy hatte eigentlich recht: du und Zottel – ihr wäret das richtige Gespann!"

Zottel gefiel der Ritt durch den Wald, das schlechte Wetter konnte ihm die gute Laune nicht verderben. Außerdem schien er sich noch keine Gedanken über die nächste Mahlzeit zu machen. Bille hatte ihren Schlafsack hinter dem Sattel befestigt. Kleidung und Waschzeug steckten in den Satteltaschen, und auf dem

Rücken trug sie einen leichten Rucksack, in dem sich der Aluminium-Kochtopf und etwas Proviant befanden. Alles in allem war die Last nicht schwer und konnte Zottels Wohlgefühl kaum beeinträchtigen.

Ob Mutsch und Onkel Paul schon angekommen waren? überlegte Bille. Ob sie von ihrem Hotelzimmer aus die Berge sahen? Was sie wohl jetzt gerade machten? Und ob es dort auch regnete? Es war ein eigenartiges Gefühl, hier mit ein paar Freunden durch einen fremden Wald zu reiten – auf ein unbekanntes Ziel zu.

„Ich habe noch nie so viel Wald auf einem Haufen gesehn", sagte Bettina. „Ob es hier Wölfe gibt?"

„Nein, aber böse Räuber", spottete Simon. „Die nehmen dir dein Gold und dein Geschmeide ab – und das viele Geld, das du in den Taschen hast!"

„Bist du ganz sicher, daß wir auf dem richtigen Weg sind?"

„Klar. Wenn's dich beruhigt – ich habe sogar meinen Kompaß mitgenommen."

„Vielleicht sollten wir Tagebuch führen",

meldete sich Florian zu Wort. „Falls wir uns verirren und verhungern, findet man dann wenigstens unsere letzten Aufzeichnungen."

„Wir verhungern nicht", erklärte Daniel. „Nicht, solange wir Zottel schlachten und essen können!"

„He, du hast wohl lange keine Prügel gekriegt!" schrie Bille und galoppierte an. Als sie Daniel überholte, gab sie Asterix einen kräftigen Klaps mit der Reitgerte, von dem auch Daniel etwas abbekam.

Daniel setzte hinter ihr her, und die anderen folgten. In wildem Galopp ging es einen leicht ansteigenden Hohlweg hinauf.

Atemlos hielten sie auf einer kleinen Lichtung. Zwei finster aussehende Männer waren dabei, Holz zusammenzutragen.

„Das sind Schinderhannes' Spießgesellen", flüsterte Daniel.

Ein Eichelhäher erhob sich krächzend aus einem Gesträuch dicht neben ihnen und verschwand im Wald.

„Kommt weiter!" drängte Bettina.

Der Weg stieg weiter bergan. Mischwald

wurde von Tannen abgelöst. Dann – urplötzlich – standen sie auf einer Anhöhe, den Tannenwald wie eine dunkle hohe Mauer im Rücken, und vor ihnen lag das weite Land. Der Regen hatte nachgelassen, Felder und Wiesen dampften.

Weiter führte der Weg an der Anhöhe entlang, er war schmal und steinig, und die Pferde setzten vorsichtig einen Huf vor den anderen. Dann ging es von neuem in den Wald hinein, aber diesmal war er lichter, erste schüchterne Sonnenstrahlen fielen auf den Weg.

Daniel schaute auf die Uhr.

„Bei der nächsten geeigneten Stelle machen wir Rast."

„Hallelula", seufzte Florian und schob sich heimlich das fünfte Stück Schokolade in den Mund.

„Sieh mal, da drüben! Wär das nicht was?" Bille zeigte auf einen Bach, der den Wald durchschnitt und an einer Stelle von einer kleinen Insel geteilt wurde. „Ich meine, wenn wir Feuer machen und uns etwas kochen wollen."

„Kochen? Bei der Nässe?" fragte Bettina

zweifelnd.

„Eine warme Suppe wäre nicht schlecht. Und wir müssen uns ja im Lagerfeuer machen üben. Los, Kinder, Abteilung abgesessen. Bettina und ich versorgen die Pferde, ihr anderen kümmert euch um das Essen."

Es war nicht leicht, auf dem feuchten Untergrund ein Feuer in Gang zu setzen. Simon und Bille waren auf die kleine Insel hinübergesprungen und hatten eine Feuerstelle angelegt, in dem sie einen Kreis von dem Durchmesser eines Autorads mit Steinen auslegten. Florian suchte inzwischen trockenes Holz.

„Die Zündwürfel – dort in der Schachtel!" kommandierte Simon. „Gib gleich zwei Stück her."

„Tatsächlich – es funktioniert!" Die drei Feuermacher starrten fasziniert auf ihr erstes selbstbereitetes Lagerfeuer.

„Brennen tut es. Aber ob die Hitze zum Kochen reicht?" meinte Bille zweifelnd. „Ich hol mal den Kochtopf."

„Was gibt's denn heute Gutes?" erkundigte sich Daniel.

„Mal sehen." Bille studierte die Aufschrift auf den verschiedenen Suppentüten, die Mutsch ihr mitgegeben hatte. „Rindfleischsuppe mit Nudeln. Die braucht die kürzeste Kochzeit."

Mit dem Kochtopf und der Tüte bewaffnet, in der Hosentasche den Löffel zum Umrühren, kehrte sie zum Feuer zurück.

„Kann mir einer von euch sagen, wieviel ein Liter ist?"

„Tausend Gramm."

„Idiot – ich meine doch hier im Topf!"

„Zeig mal her – bis dahin würde ich sagen. Steht das denn nicht drauf?"

„Leider nein. Na, probieren wir's eben aus."

Bille füllte den Topf bis zur Hälfte mit dem klaren Quellwasser.

„Paß auf, daß du keinen Frosch mitkochst!" rief Daniel.

Bille schaute in den Topf.

„Keiner drin", sagte sie, „und die alte Schuhsohle macht dir doch sicher nichts aus?"

Es dauerte lange, bis das Wasser sich entschloß zu brodeln, auch wenn Florian und Simon noch so eifrig dürres Holz ins Feuer schoben. In der Zwischenzeit steckten sie Brotscheiben an lange Stöcke und rösteten sie. Und schließlich war es soweit, daß Bille den Inhalt der Tüte in das siedende Wasser schütten konnte. Es wallte auf, und ein köstlicher Duft nach Fleischbrühe und Gemüse breitete sich aus.

„Acht Minuten – dann muß es gar sein. Holt schon mal eure Teller. Zum Nachtisch gibt es für jeden einen Apfel."

Bille tauchte ihren Löffel in die Brühe und kostete.

„Bißchen dünn schmeckt's, war wohl doch zuviel Wasser."

Nun probierte auch Simon.

„Macht nichts, das gleichen wir mit Salz wieder aus."

Schwungvoll schüttete er etwas aus der Tüte in den Topf.

„Bist du verrückt? Das ist doch viel zuviel!"

„Dann verdünnen wir es eben noch mal."
Simon kostete, verzog das Gesicht und holte schweigend einen Becher voll Wasser. „Jetzt noch ein bißchen Maggi rein, dann stimmt die Sache."

„Am besten, ihr taucht das Brot in die Suppe", empfahl Bille, „so entwickelt sich ihr Aroma am besten."

„Wie heißt denn das köstliche Gericht?" fragte Bettina.

„Schinderhannes' Montags-Suppe, würde ich vorschlagen", meinte Florian.

„Aber nicht doch! Das ist eine ganz typische – eine ganz echte..." Daniel legte den Kopf in den Nacken, schloß die Augen und bewegte die Lippen wie eine trinkende Henne, „eine ganz vorzügliche Totengräber-Aschermittwoch-Suppe".

Bettina nahm noch einen Löffel voll und schmeckte.

„Hm – die Asche schmecke ich auch, aber Mittwoch hättet ihr etwas mehr hineintun müssen."

„Also, das finde ich nun wieder nicht, die Suppe schmeckt doch nach nichts anderem, als nach Mittwoch!" schoß Simon zurück. „Es ist gerade noch erträglich..."

„Morgen kochen Daniel und Bettina", erklärte Bille energisch. „Mal sehen, was es dann zu essen gibt!"

Am Himmel zogen sich wieder dunkle Wolken zusammen. So beschlossen sie, gleich weiterzureiten. Die Jungen löschten sorgfältig das Feuer, und die Mädchen säuberten das Geschirr und verpackten die Reste des Proviants.

Von nun an führte der Weg sanft bergab. Sie ritten an zwei Dörfern vorbei und legten in einem dritten eine kurze Rast ein, um sich Eis und ein Stück Kuchen zu kaufen.

Kinder folgten ihnen bis zum Ortseingang und bestaunten sie, als hätten sie noch nie in ihrem Leben einen Menschen zu Pferde gesehen.

Gegen Abend setzte ein leichter Nieselregen ein, und sie waren heilfroh, als sie das Dorf Rattisweiler erreicht hatten.

„Und was nun?" fragte Bettina.

„Wir werden in den nächstbesten Laden marschieren und fragen, bei welchem Bauern man Quartier für die Pferde bekommen kann."

Daniel sprang aus dem Sattel und steuerte auf ein Haus zu, neben dessen Tür ein kleines Schaufenster mit Textilien und Geschenkartikeln zu sehen war. Die anderen beobachteten, wie er drinnen mit einer schwarz gekleideten jüngeren Frau verhandelte. Nach einer Weile erschien er wieder.

„Die Frau hat uns angeboten, mit den Pferden in ihrer Scheune zu übernachten. Es hat den Vorteil, daß es uns nichts kosten wird. Die Scheune ist trocken und warm, Futter können wir vom Nachbarn bekommen, und waschen dürfen wir uns in ihrer Waschküche. Was haltet ihr davon?"

„Trocken und warm? Nichts wie hin!" sagte Bille und zog Zottel in den Hof.

Die Frau kam aus dem Laden, sie sah mager und verhärmt aus, hinter ihrem Rock schaute ein rotznasiges kleines Mädchen hervor.

„n' Abend...", sagte sie, es klang wie eine Frage.

Bille und die anderen gaben ihr die Hand und bedankten sich für das freundliche Angebot. Dann folgten sie ihr in die Scheune. Sie war nicht groß, bot aber ausreichend Platz für die Pferde und Stroh genug für eine weiche Einstreu. Eine Leiter führte zum Heuboden hinauf, dort konnten sie schlafen. Sogar eine Wäscheleine gab es, um die nassen Sachen aufzuhängen.

„Wir haben den Hof vor kurzem aufgegeben", erklärte die Frau. „Als der Opa starb. Er hätte es nicht verstanden. Aber mein Mann arbeitet in der Stadt – und ich hab den Laden. Wer soll sich um das Vieh und die Felder kümmern? Nehmt euch nur, was ihr braucht. Hafer kriegt ihr beim Nachbarn, der hat zwei Pferde in Pension."

„Haben Sie gar keine Tiere mehr auf dem Hof?" erkundigte sich Bettina.

„Eine Kuh, zwei Schweine und ein paar Hühner. Und dann den großen Garten – das reicht."

„Das glaube ich Ihnen gern. Können wir Ihnen vielleicht etwas von Ihrer Milch abkaufen? Dann könnten wir uns einen heißen Kakao machen, wenn Sie es erlauben."

„Warum nicht? Kann einer von euch melken?" fragte die Frau lächelnd. „Ich meine, richtig ausmelken?"

„Ich!" antworteten Daniel, Simon, Florian und Bille im Chor. Und Bille fügte hinzu: „Wir kommen nämlich auch vom Land, wissen Sie."

„Fein, dann kriegt ihr die Milch auch umsonst. Und eine Pfanne Bratkartoffeln dazu."

„Und Spiegeleier, wenn wir die Kuh und die Schweine füttern und den Stall ausmisten", sagte Simon schnell.

Jetzt lachte die Frau zum erstenmal richtig. „Abgemacht."

Die Frau kehrte zurück in ihren Laden, und Daniel teilte die Arbeit ein. Simon und Florian übernahmen den Kuhstall, Bettina wurde zum Haferholen geschickt, und Bille und Daniel versorgten die Pferde. Sie wurden zunächst einmal tüchtig trocken gerubbelt und geputzt, dann bereitete Bille ihnen ein weiches Lager aus dem reichlich vorhandenen Stroh. Und da es keine Krippen gab, suchten Bettina und Daniel auf dem Hof nach alten Schüsseln, Körben und Eimern, in die sie den Hafer schütten konnten.

Die Pferde fanden sich ohne weiteres mit der fremden Umgebung ab. Nur Asterix schien hochmütig die Nase zu rümpfen, als Daniel ihm sein Futter in einer eingedellten Waschschüssel servierte. Aber dann siegte auch bei ihm der

Hunger über die Vornehmheit.

Im Dorf hatte es sich schnell herumgesprochen, daß fünf jugendliche Reiter bei der Kurzwarenhändlerin Nachtquartier genommen hatten. Und so drängte sich im Hof bald eine ganze Schar von neugierigen Kindern, die die Pferde und ihre Besitzer sehen wollten.

„Wenn ich nicht so müde wäre, würde ich noch ein Ponyreiten auf dem Dorfplatz veranstalten", sagte Bille und gähnte herzhaft. „Aber für heute habe ich genug."

„Und die Pferde auch", fügte Bettina hinzu.

Simon kam aus dem Kuhstall, in der Hand einen Eimer mit schäumender frischer Milch, den er hinüber in die Küche trug. Florian schob einen Karren Mist auf den Hof.

„So sauber war der Kuhstall schon lange nicht mehr!" erklärte er stolz. „Das sollte Vati mal sehen!"

„Zu Hause drückt er sich sogar davor, Bongos Box sauberzumachen", sagte Daniel grinsend. „Kannste mal sehn, wie Reisen bildet!"

Wenig später wurden sie in die Küche gerufen, wo eine Pfanne herrlich nach Speck und

Zwiebeln duftender Bratkartoffeln auf sie wartete, verziert mit einem Dutzend Spiegeleier. Bille kochte Kakao, und die Frau bot ihnen ein Glas Landwein an. Das kleine Mädchen erbte dafür Florians letzte Schokolade.

Es wurde spät – und als sie endlich zur Scheune hinübergingen, beschlossen sie einstimmig, Waschen und Zähneputzen ausnahmsweise auf den nächsten Tag zu verschieben und gleich in ihre Schlafsäcke zu kriechen.

Schon im Einschlafen murmelte Bettina: „Weißt du, warum ich Wein getrunken habe? Damit ich die Mäuse nicht merke! Ich mag eigentlich keinen Wein."

„Wenn du die weißen Mäuschen meinst, die ich sehe, dann hättest du lieber keinen Wein trinken sollen", sagte Simon gähnend.

„Ich meine aber die grauen Mäuschen, die jetzt scharenweise über uns hinwegklettern werden, während wir schlafen."

„Na, wenn schon", sagte Bille und schlief ein.

Keiner von ihnen hörte das geheimnisvolle Rascheln und Trappeln gegen Mitternacht. Auch daß etwas schwer neben ihnen ins Stroh plumpste und seufzte, merkte niemand.

Simon erwachte als erster und blinzelte in das fahle Morgenlicht, das durch die Ritzen des Scheunentors drang.

„Ich glaube, ich sehe immer noch doppelt", murmelte er dumpf. „He, Daniel! Steht da ein Schimmel oder sind es zwei?"

„Hör doch mit dem Quatsch auf, ich bin noch müde!"

„Nein, sag doch mal – spinne ich? Wir haben doch nur einen Schimmel, oder?"

„Zwei...", kam eine schüchterne Stimme aus dem Heu.

„Hä?" Simon richtete sich auf und sah sich um. Dann begann er abzuzählen. Kopfschüttelnd unterbrach er sich und begann noch einmal von vorn.

„Das gibt's doch nicht!" sagte er schließlich laut. „Eins, zwei, drei – vier, fünf, sechs! Wir waren doch fünf! Und sechs Pferde – wo kommt das sechste Pferd her?"

„Herrgott noch mal..." Daniel fuhr hoch und wollte sich auf Simon stürzen. Mitten in der Bewegung erstarrte er plötzlich, sein Blick wanderte an Simon vorbei und bekam den verzückten Ausdruck eines eislutschenden Mondkalbs. „Oh...", sagte er.

Jetzt erwachten auch die anderen.

„Joy! Was machst du denn hier?" fragte Bille erstaunt. „Wie bist du hier reingekommen? Wie hast du uns gefunden?"

„Ihr seid doch nicht böse?" fragte Joy ängstlich zurück. „Ich bin abgehauen."

„Du bist was?" Jetzt wurde sogar Florian hellwach.

Joy druckste. „Ihr wißt doch, daß ich ins Internat sollte. Es war als Strafe gedacht, wegen meiner schlechten Schulnoten – weil ich mich immer nur um die Pferde gekümmert hab und sonst gar nichts. Ich will aber nicht ins Internat!"

„Ja und? Was nützt dir das Abhauen, wenn sie dich in ein paar Stunden wieder gefunden haben?" fragte Bille.

„Sie werden mich nicht suchen."

„Klar werden sie dich suchen!"

„Nein. Ich habe meine Stute zu einer Freundin gebracht, die sie während meiner Internatszeit reiten soll. Das war so abgemacht. Und meine Freundin verrät mich bestimmt nicht. Und ans Internat habe ich ein Telegramm geschickt. ‚*Wegen plötzlicher Erkrankung an Scharlach Kommen meiner Tochter verzögert. Gruß Hoffmann.*' Ich bin ganz normal mit dem Zug weggefahren, dann bin ich an der nächsten Station wieder ausgestiegen, hab Saphir an dem verabredeten Treffpunkt von meiner Freundin in Empfang genommen und bin euch nachgeritten. Gegen Mitternacht war ich da – ich hab im Gasthof nach euch gefragt –, na ja, und so bin ich hergekommen."

„Ganz schön raffiniert." Daniel kratzte sich nachdenklich den Kopf. „Aber was wird, wenn unsere Safari zu Ende ist und wir auf den Hof deines Vaters zurückkommen?"

„Darüber muß ich erst nachdenken."

„Na gut, denken wir zunächst mal an das Frühstück für uns und unsere Pferde. Alles andere wird sich finden."

Auf dem Campingplatz spukt es

Joy war eine ausgezeichnete Reiterin, und sie liebte und pflegte ihr Pferd mit der gleichen Hingabe wie Bille und ihre Freunde. Aber sie besaß noch weitere Vorzüge. Mochten ihre Schulnoten auch miserabel sein, auf einer Reiter-Safari war sie Gold wert. Ihre Fähigkeiten, im Freien zu kochen, ein Feuer in Gang zu bringen, zu basteln und zu improvisieren, hätten jeden Pfadfinder vor Neid erblassen lassen. Außerdem kannte sie das Land, fand die interessantesten Strecken heraus, zeigte den Freunden Höhlen, Burgruinen und alles, was es an Sehenswürdigkeiten sonst gab. Sie kannte die schönsten Badestellen an Seen und Flüssen und wußte leerstehende Hütten und Scheunen, in denen sie Unterschlupf fanden. Mit Joy an der Seite wurde das Unternehmen zu einer echten Safari.

Natürlich verzichteten sie darauf, mit Reitervereinen in Kontakt zu kommen. Denn allzu leicht hätte jemand Joy erkennen können. Zum Einkaufen in die Dörfer ritt immer nur eine kleine Abordnung, meistens Bille in Begleitung eines Jungen, da sie – wie versprochen – jeden zweiten Tag bei Mutsch und Onkel Paul im Hotel anrief.

„Wenn wir heute abend ein schönes Quartier gefunden haben, machen wir uns einen Spießbraten", erklärte Joy. „Ich schreibe dir genau auf, was wir dazu brauchen."

„Und wo nehmen wir den Spieß her?" fragte Simon.

„Da fällt mir schon was ein."

Das war Joys Lieblingssatz, und ihr fiel tatsächlich immer was ein. Daniel wich ihr nicht von der Seite, er spielte den erwachsenen Beschützer und warf ihr hin und wieder schmachtende Blicke zu, die sie nicht zu bemerken schien. Sie hatte allen gegenüber die gleiche freundlich-unkomplizierte Art.

Bille und Florian ritten ins Dorf und kamen kurz darauf mit den bestellten Waren wieder.

Die Päckchen wurden auf die Reiter verteilt, dann machten sie sich auf den Weg.

Es wurde ein anstrengender Ritt durch den Hochwald, und alle waren froh, als das Ziel des Tages, ein kleiner See zwischen grünen Hügeln, endlich unter ihnen lag.

„Schaut euch das an! Ein Campingplatz!" sagte Joy empört. „Denen ist aber auch nichts heilig. Aus ist es mit der Ruhe! Na ja – ich glaube, ich weiß einen Platz, wo wir ungestört sind."

Ein paar hundert Meter von dem Campingplatz entfernt gab es eine stille kleine Bucht, die von dichtem Gesträuch gesäumt wurde. Ein steiler Pfad führte zum Wasser hinunter.

Oberhalb, auf einer Wiese, gab es einen Heuschober, der sich als ideales Nachtquartier anbot.

„Daniel und Simon, ihr solltet dem Besitzer Bescheid sagen, daß wir hier kampieren. Es sind selbst Reiter, wir kennen sie von Turnieren, sie haben sicher nichts dagegen", erklärte Joy. „Kommt, ich zeige euch den Weg."

Bille, Bettina und Florian sattelten ihre Pferde ab und führten sie zum See hinunter. Er war klar und nicht tief, ideal, um mit den Pferden hineinzureiten. Zottel, Bongo und Sternchen waren kaum im Wasser, als auch schon eine Schar von Campingplatz-Bewohnern auftauchte. Auf bunten Luftmatratzen, in Paddel- oder Ruderbooten umringten sie grölend und lachend die Reiter und ihre Pferde.

„Joy hatte recht", stöhnte Bille, „mit der schönen Ruhe ist es aus. Ich bin froh, wenn wir wieder in den Wäldern untertauchen können."

Bongo und Sternchen schnaubten ärgerlich über die Störung, nur Zottel, der seit seinen Zirkustagen jede Art von Publikum liebte, war vollauf zufrieden. Er quiekte fröhlich, wenn die Kinder versuchten, ihn naß zu spritzen, und schlug mit den Vorderbeinen ins Wasser, als wolle er mitspielen und zurückspritzen.

„Laß uns lieber rausgehen", mahnte Bettina.

Aber das war leichter gesagt als getan. Zottel hatte nicht die Absicht, sein Bad bereits zu beenden. Ein dicker semmelblonder Junge mit seinem noch dickeren und ebenso blonden Vater in einem roten Gummiboot umkreisten

Zottel neugierig. Der Sohn schlug kreischend mit dem Paddel ins Wasser, während der Vater sich bemühte, die Szene mit einem überdimensionalen Fotoapparat im Bild festzuhalten. Das Paddel näherte sich bedrohlich Zottels Nase und sauste dicht davor ins Wasser.

„Sie sollten das Ihrem Sohn verbieten", rief Bille, „ich kann für nichts garantieren!"

Der dicke Mann schaute unter seinem Sonnenhut hervor und grinste. Dann verschwand er wieder hinter seiner Kamera.

„Noch mal, Klausi", rief er, „dichter ran, an das Pony!"

Klausi haute ins Wasser. Zottel wieherte fröhlich und schüttelte sich.

„Jetzt reicht's aber", rief Bille beunruhigt.

Der Mann spannte den Abzug von neuem, hob die Kamera ans Auge und kroch, soweit es das schwankende Boot zuließ, auf den Knien näher.

„Mann, is det 'n Motiv!" ächzte er glücklich. „Noch mal, Klausi."

Jubelnd hob Klausi das Paddel hoch und schlug zu. Er streifte Zottels Nase nur leicht, aber es genügte. Zottel stellte sich empört auf die Hinterbeine und stieß einen Schrei aus, dann fiel er wieder auf die Vorderbeine, wobei sein rechter Huf am Rand des Gummiboots hängenblieb und den Schlauch bis auf den Grund bohrte. Pffffft machte es, und Vater und Sohn nebst Sonnenhut und Kamera verschwanden in den Fluten. Die Umstehenden brüllten vor Lachen.

„Ich habe Sie gewarnt!" sagte Bille kühl und ritt auf ihrem Liebling ans Ufer. Hinter ihr tauchte der dicke Mann jammernd und fluchend nach seiner Kamera.

„Was war denn da eben los?" fragte Joy, die bereits Feuer gemacht hatte.

„Zottel hat ein Boot zum Kentern gebracht."

„Ach, du dicker Vater!"

„Du hast den Nagel auf den Kopf getroffen."

Bettina und Florian bauten nach Joys Anweisungen eine Vorrichtung, auf der man einen Spieß drehen konnte. Den Spieß selbst stellte Joy aus mehreren Stücken Draht her, die sie zu einem festen Strang zusammendrehte. Nicht lange, und der Braten brutzelte über dem Feuer. Langsam um seine Achse bewegt von Florian oder Bettina, während Bille und Joy im Kochtopf einen Salat mischten aus Tomaten, Gurken und Zwiebeln, die Daniel und Simon von ihrem Erkundungsgang mitgebracht hatten.

Es war ein wundervoll milder Sommerabend, und sie saßen lange um das Feuer, aßen, tranken, sangen und erzählten sich Reitergeschichten. Später, als es still geworden war rundum, schwammen sie noch einmal hinaus. Der Mond spiegelte sich im Wasser, und Bille dachte: So könnte es ewig weitergehen! Unterwegs sein, durch die ganze Welt wandern mit den Pferden, mit den Freunden – ich wünschte, ich wäre Zigeuner!

„Was haltet ihr davon, wenn wir nicht in der Scheune, sondern hier neben dem Feuer im Freien schlafen?" fragte Joy. „Es ist so mild und warm heute nacht..."

„Das ist die beste Idee des Tages!" sagte Bille begeistert, „ich möchte auf dem Rücken liegen und die Sterne und den Mond anschauen, bis sie untergegangen sind..."

„Ich auch."

„Genau das habe ich eben beim Schwimmen auch gedacht."

„Genau."

Natürlich gelang es keinem von ihnen, länger als zehn Minuten andachtsvoll in die Sterne zu schauen. Einem nach dem anderen fielen die Augen zu, und bald war nur noch tiefes Atmen und leises Schnarchen zu hören. Und so merkte auch keiner, daß Zottel, dessen Halfter nicht richtig befestigt gewesen war, sich auf einen kleinen Spaziergang begab.

Zottel wäre nicht Zottel gewesen, wenn es ihn nicht magisch zu dem nahe gelegenen Zeltplatz gezogen hätte, auch wenn der vertraute Anblick der hohen Zirkuskuppel in der Mitte fehlte und er unter den vielfältigen Gerüchen den intensiven Raubtiergeruch vermißte.

Zottel verharrte einen Augenblick und schaute verträumt über die lange Reihe der Campinganhänger und die zahlreichen kleinen und großen Zeltdächer hinweg. Zweifellos mußte es hier eine Fülle von Leckerbissen für ihn geben, er mußte nur danach suchen.

Leise schritt er den Hauptgang hinunter und witterte. Dort! Hinter der offenstehenden Tür des Campingwagens! Zottel trat näher und steckte seinen Kopf durch den Türspalt. Unter dem Tisch stand ein Korb mit Obst. Und daneben eine Einkaufstasche, aus der es nach Brot und Kuchen duftete. Zottel zog zuerst mit den Zähnen den Korb zu sich heran, langsam rutschte er über die Schwelle, kippte, und Äpfel und Birnen kullerten ihm vor die Hufe. Die waren ihm sicher. Jetzt die Tasche! Zottel packte den vorderen Henkel, hob die Tasche ein wenig an und ließ sie vor sich auf den Boden fallen. Es klirrte. Zottel schob Papiertüren und die Scherben des Saure-Gurken-Glases auseinander und forschte nach dem Kuchen. Das mußte er sein – auch wenn er jetzt intensiv nach der sauren Gurkenbrühe schmeckte. Zottel schüttelte sich ärgerlich. Zum Trost verzehrte er die Äpfel und Birnen, rollte die Tasche noch ein paarmal mit dem Huf im Sand hin und her, um zu sehen, ob sie noch irgend etwas Genießbares enthielt, und marschierte weiter.

An die Campingwagen war schwer heranzukommen, also hielt er sich lieber an die Zelte. Dort stand eins offen, Zottel trat leise an die Öffnung heran. Ein Mann mit einem fröhlichen Mopsgesicht lag auf dem Rücken und schnarchte, neben ihm träumte eine mollige Blondine mit einem dreifachen Kinn. Zottel befühlte mit seinem Maul das Gesicht des Mannes.

„Schnuckilein", grunzte der Mann und griff Zottel an die Nase.

Der fuhr erschrocken zur Seite und landete am Gesicht der Blonden. Die Mollige zuckte zusammen. Zur Beruhigung leckte Zottel ihr über den Hals und den Ausschnitt.

„Du bist mir vielleicht ein Schlimmer!" kicherte die Frau im Schlaf.

Da es ihr zu gefallen schien, leckte Zottel ihr auch die Schulter.

„Nicht doch, Egon, was soll das!" gurrte die Frau.

Zottel blies ihr ins Ohr. Die Frau drehte sich wohlig stöhnend um und schlug die Augen auf. Über ihr blitzten zwei große schwarze Augen aus einem riesigen Kopf, der von einer wilden Mähne umgeben war.

„Huaaach!" kreischte die Frau.

Zottel stieg vor Entsetzen auf die Hinterbeine. Leider übersah er dabei, daß er sich mit dem Kopf unter dem Zeltdach befand, das Zelt wurde aus seiner Verankerung gerissen und legte sich dem wild auskeilenden, sich im Kreise drehenden Pony über den Rücken. Zottel floh voller Panik.

Wo war er hier hingeraten? Überall verfing er sich in Schnüren, hinter ihm sanken lautlos die Zelte in sich zusammen, Leinen mit Wäsche blieben an ihm hängen, flatterten ihm um die Ohren, Brust und Beine.

Rundum erhoben sich gellende Hilfeschreie.

„Ein Gespenst! Hast du gesehen? Ein gräßliches Gespenst, ein riesiges Ungeheuer!"

„Ein Phantom! Ein fürchterlicher Unhold!"

„Einbrecher! Mörder!"

„Polizei! Hilfe! Polizei!"

„Gott sei mir gnädig, ein Geist! Wahrhaftig, ein Geist!"

Es war ein ohrenbetäubender Lärm. Zottel raste zitternd von einem Ende zum anderen und suchte den Ausgang. Dabei gab er nun selbst so unirdisch fürchterliche Schreie von sich, daß den Leuten das Mark in den Knochen gefror.

„Willibald, bleib hier, verlaß mich nicht!" wimmerte eine Frauenstimme.

„Verdammt noch mal, wo sind meine Hosen!" donnerte ein Baß.

„Licht! So mach doch einer Licht!" brüllte der nächste.

„Karl, wir reisen sofort ab. Hier bleibe ich keine Stunde länger!" keifte jemand von der anderen Seite.

Zottel war beim Kiosk angelangt, er fegte um die Ecke, wobei er erst den Mülleimer, dann einen Stapel Bierkisten mitgehen ließ. Da! Dort war der Ausgang! Zottel beschleunigte seinen Galopp und schleuderte dabei ein Kofferradio zur Seite, das gehorsam zu plärren anfing, Saxophonklänge mischten sich in das Hilfe-Geschrei. Zottel, eine galoppierende Wolke aus wehenden Zeltbahnen und Kleidungsstücken entschwand im Dunkel der Nacht.

Eine Viertelstunde später fühlte Bille den heftigen Atem ihres Ponys auf dem Gesicht. Sie tastete im Halbschlaf nach seinem Kopf und bekam die Träger eines Büstenhalters zu fassen.

„He, was machst du mitten in der Nacht mit meinem Bikini?" fragte sie erstaunt. „Wieso läufst du überhaupt hier herum?"

Bille richtete sich auf und sah vor sich etwas, das an ein im Wind schwankendes Zelt erinnerte.

Hümhümhümhüm, machte Zottel leise, es klang sehr kläglich.

„Bettina! Joy! Wacht auf! Es ist etwas passiert!" flüsterte Bille.

Nach und nach erwachten die Freunde aus ihren Sommernachtsträumen. Simon knipste die Taschenlampe an, und nun sahen sie die Bescherung. Stück für Stück entfernte Bille die ungewöhnliche Verkleidung vom Körper ihres Lieblings.

„Hähä – dreimal darfst du raten, wo er war!" kicherte Florian.

„Schaut mal da unten! Auf dem Campingplatz ist der Teufel los!"

„Mach das Licht aus! Wir müssen uns erst mal überlegen, was wir tun", flüsterte Joy. „Am besten, zwei von uns gehen leise runter und versuchen rauszukriegen, was passiert ist."

„Okay, komm mit, Florian!"

Daniel stand auf und verschwand mit Florian in der Dunkelheit. Bille hatte Zottel seiner unfreiwilligen Kostümierung entledigt und tätschelte ihm beruhigend den Hals. Es dauerte nicht lange, und Daniel kam keuchend den Hügel hinauf.

„Sie reden alle von einem Gespenst, von einem überirdischen Unhold", erzählte er kichernd. „Manche glauben, es sei ein Ufo gelandet, aus dem sei ein riesiger Mann mit langen Ohren und einer wilden Mähne gestiegen. Andere reden von einem Kugelblitz – Florian ist unten geblieben, um die Sache weiter zu verfolgen und uns zu warnen, falls sie hier heraufkommen."

„Gut – das Wichtigste ist jetzt, daß wir die Klamotten loswerden", sagte Joy. „Aber wie?"

„Wie wär's denn, wenn wir uns eines von ihren Gummibooten – na sagen wir: ausleihen – und die Sachen alle hineinpacken. Dann ziehen wir das Boot raus auf den See und verankern es dort", schlug Bettina vor.

„...mit einem Zettel drin: ‚Herzlichen Dank!

Der Marsmensch' – oder Fantomas, oder so was!"

„Hm, und den Zettel lassen wir Zottel schreiben", meinte Simon. „Wir tauchen seinen Huf in Heidelbeermarmelade und führen ihn über Packpapier."

„Mein armer Kleiner!" Bille hängte sich Zottel an den Hals. „Das ist ja wohl das dollste Ding, das du dir bisher geleistet hast! Aber mach dir nichts draus – ich liebe dich trotzdem!"

Die Pferde sind verschwunden

Die Rückgabe der von Zottel entführten Kleidungsstücke klappte wie geplant. Aber die Freunde zogen es doch vor, ihr Quartier vor Morgengrauen zu verlassen und das Frühstück in einer ruhigeren Gegend einzunehmen. In der ersten Dämmerung sattelten sie ihre Pferde und packten Rucksäcke und Satteltaschen.

„Was haltet ihr von frischen Forellen zum

Frühstück?" fragte Joy. "Wenn wir hier den Bach aufwärts reiten, könnten wir uns welche fangen."

"Wenn ich sie nicht roh essen muß, habe ich nichts dagegen", sagte Florian. "Wie willst du sie fangen? Mit der Hand?"

"Ich denke gerade darüber nach."

"Und wenn du eine gefangen hast – wer soll sie schlachten? Auch du?"

"Na, einer von euch Jungen natürlich!"

"Ich nicht!" erklärte Simon sofort.

"Ich auch nicht", sagte Daniel. "Ich kann so was nicht. Wenn sie mich dann so treuherzig ansieht..."

"Also ich würde auch lieber was anderes frühstücken", meinte Florian ausweichend.

"Na schön – war ja nur ein Vorschlag."

Über den Baumwipfeln erschienen die ersten Sonnenstrahlen. Nebelfahnen schwebten über den Wiesen.

"In der Fernsehwerbung stehen da immer die Cowboys um ein Lagerfeuer und trinken heißen Kaffee und essen Spiegeleier mit Speck", sagte Bille verträumt. "Habt ihr auch solchen Hunger?"

„Zügle deine niederen Triebe", erwiderte Daniel streng. „Beim nächsten Bauernhof werden wir nach Milch und Eiern fragen."

„So lange werde ich es wohl noch aushalten."

Eine ganze Weile ritten sie schweigend.

„Die Pferde haben Hunger!" meldete sich Bettina zu Wort und machte ein mürrisches Gesicht.

„Nicht nur die Pferde", jammerte Florian.

„Nun habt doch noch ein bißchen Geduld!"

Aber als nach einer weiteren halben Stunde immer noch kein Gehöft zu sehen war, ließ sich Daniel endlich erweichen und gab klein bei.

„Also gut, hier ist eine prima Weidefläche für die Pferde. Und wir werden sehen, was wir noch an Vorräten haben."

Die Vorräte bestanden vor allem aus Tee, Marmelade, Kakao und Zucker. Dann gab es noch ein paar Tütensuppen, drei angetrocknete Brotscheiben, ein kleines Stück Hartwurst und ein paar Kekse. Eigentlich hatten sie am Morgen im Dorf einkaufen wollen, das war durch ihren überstürzten Aufbruch ganz in Vergessenheit geraten.

„Na ja – ein heißer Tee ist doch schon mal was", meinte Joy. „Das Brot und die Kekse teilen wir gerecht unter uns auf, und von der Wurst darf jeder einmal abbeißen."

„Wie wär's mit einer Erbsensuppe?" schlug Bille vor. „Ist zwar ein etwas ungewöhnliches Frühstück, aber es sättigt wenigstens. Die Wurst können wir hineinschneiden, dann schmeckt's besser."

„Okay, also sucht schnell ein bißchen Holz zusammen – da drüben in der Mulde können wir ohne große Gefahr ein Feuer machen. Habt ihr eure Feldflaschen mit Wasser aufgefüllt?" fragte Joy drängend.

Bis das Feuer brannte und das Wasser langsam zu sieden begann, hatten sich die Pferde an dem saftigen Gras in der geschützten kleinen Lichtung schon rundherum sattgefressen.

„Noch zwei, drei Minuten, dann kocht es", tröstete Bille die ungeduldigen Freunde.

„Was treibt ihr da? Was fällt euch ein, hier ein Feuer zu machen?" kam plötzlich eine scharfe Stimme aus dem Hintergrund. Am Waldrand stand ein hünenhafter Kerl mit einem Gesicht wie eine Dogge.

„Entschuldigen Sie, aber wir sind doch in einer Sandmulde gleich neben dem Weg – es ist völlig ungefährlich", verteidigte sich Daniel.

„Das ist mir egal!" Der Mann kam drohend näher, über der Schulter hing ihm eine Jagdflinte, die er mit einer Hand fest umklammert hielt. „Löscht sofort das Feuer und macht, daß ihr hier wegkommt!"

„O nein!" stöhnte Bettina und schaute betrübt in den Suppentopf, in dem das Wasser eben zu brodeln anfing.

„Hören Sie, dürfen wir nicht wenigstens schnell unsere Suppe kochen? Wir haben seit gestern abend nichts gegessen, und es dauert nur fünf Minuten, dann ist sie fertig!" flehte Bille.

„Hast du keine Ohren im Kopf? Nehmt eure Gäule und schert euch weg hier!"

Der Mann nahm seine Flinte von der Schulter und hielt sie warnend im Anschlag.

„Kommt – wozu sich herumstreiten", flüsterte Simon. „Es führt doch zu nichts."

Bille goß das Wasser über die Flammen, und Florian schüttete die Feuerstelle sorgfältig mit Sand zu, während die anderen Teller und Lebensmittel zusammenpackten und in den Rucksäcken verstauten. Bettina wollte jedem eine halbe Scheibe Brot in die Hand drücken, aber nicht einmal das erlaubte der Mann.

„Seid ihr noch nicht weg? Ich glaube, ich muß noch deutlicher werden!"

„Nein, danke, Sie sind wirklich deutlich genug!" sagte Joy bitter. Sie wollte noch etwas hinzufügen, besann sich dann aber. Der Mann hätte es fertiggebracht und auf die Pferde geschossen – das Risiko wollte sie auf keinen Fall eingehen.

Hastig sprangen sie in den Sattel und galoppierten davon.

„Ein schöner Reinfall!" knurrte Simon, als sie außer Sichtweite waren. Dann zog er seinen Plan aus der Tasche und studierte die Strecke. „Freunde, schöpft Hoffnung!" sagte er plötzlich. „Wenn wir unseren Weg verlassen und rechts hinüberreiten, kommen wir an ein Waldgasthaus, einen bekannten Ausflugsort. Was haltet ihr davon?"

„Da fragst du noch? Nichts wie hin!" sagte Daniel. „Ich brauche jetzt wirklich was Kräftiges in den Magen, oder ich breche zusammen!"

Joy gab Saphir die Sporen und trabte zu Simon vor. Sie sah auf den Plan.

„O ja, das kenne ich, da kann man herrlich essen! Sie machen die größten Wiener Schnitzel, die ihr euch vorstellen könnt – und Apfelkuchen! Ein Traum!"

„Hört auf, das halt ich nicht aus", stöhnte Bille.

„Also – rechts schwenkt marsch!" kommandierte Simon und trabte an. „Da ist schon ein Hinweisschild..."

Plötzlich waren sie alle wieder guter Laune. Sie lachten über den doggenhaften Wildhüter mit seiner Flinte und beglückwünschten sich, daß sie dank ihm statt Erbsensuppe nun riesige Schnitzel essen würden.

„Na, sieht das nicht phantastisch aus!" rief Bettina, als das Waldgasthaus durch die Bäume schimmerte. „Richtig romantisch!"

„Ein bißchen ruhig, wir scheinen die ersten

Gäste zu sein", meinte Joy.

„Um so schneller werden wir bedient", sagte Florian. „Ich werde die ganze Karte rauf und runter essen!"

Sie sprangen ab und banden die Pferde auf dem Parkplatz an einen Baum.

Im Laufschritt ging es zur Tür. Florian erreichte sie als erster und drückte auf die Klinke.

„Noch geschlossen? Wie spät ist es denn?"

„Elf..."

„Klopf doch mal!" rief Simon.

„He – habt ihr keine Augen im Kopf! Seht euch doch mal das Schild an!" Bille versagte fast die Stimme.

„Dienstag Ruhetag. Das darf doch nicht wahr sein", jaulte Daniel auf. „Das überleb ich nicht."

„Also weiter", stöhnte Joy. „Irgendwo in diesem verdammten Land wird es doch wohl noch was zu essen geben!"

Bettina nahm schweigend ihren Rucksack ab und begann, die kümmerlichen Vorräte unter den Freunden aufzuteilen. Jeder bekam eine halbe Scheibe Brot, ein kleines Stück Wurst und einen Löffel Marmelade.

Dann saßen wie wieder auf.

„Also ab ins nächste Dorf, dort wird tüchtig eingekauft", sagte Simon. „In einer knappen halben Stunde dürften wir es geschafft haben."

Schweigend ritten sie weiter.

„Wie weit kommen wir denn jetzt von unserer geplanten Strecke ab?" erkundigte sich Bille.

„Gar nicht, wir stoßen nach etwa zwei Kilometern wieder auf unseren Weg."

„Bist du sicher?"

„Völlig sicher."

„Und wenn wir es noch mal mit einer Erbsensuppe versuchen?" fragte Florian vorsichtig.

„Und noch mal verscheucht werden? Kommt nicht in Frage! Jetzt reiten wir, bis wir einen Gasthof, einen Lebensmittelladen oder wenigstens ein Bauernhaus finden", erklärte Daniel energisch.

„Sagtest du Bauernhaus? Schau mal – da drüben!" rief Bille.

Tatsächlich, da lag in einer Wiesenmulde ein kleines Gehöft. Eine schmale Rauchfahne stieg aus dem Schornstein.

„Na also! Wer sagt's denn", Daniels Stimme klang hoffnungsvoll. „Wo ein Herd brennt, wird es für uns auch was zu essen geben – und wenn wir fürstlich dafür blechen müssen, jetzt ist mir alles egal."

Daniel trieb Asterix an und galoppierte querfeldein auf das Bauernhaus zu. Die anderen folgten ihm. Kaum näherten sie sich dem Hof, brach ein wahrhaft höllisches Hundegekläff los. Asterix stoppte und wieherte nervös. Zwei wütende Schäferhunde rannten vom Haus her auf sie zu und machten zwei Meter vor den Pferden halt. Sie fletschten die Zähne und überschlugen sich fast vor Wut. Bei ihrem heisergurgelnden Kläffen drängten sich die Pferde eng zusammen.

„So muß es einem zumute sein, wenn man plötzlich einem Rudel Wölfe gegenübersteht", murmelte Bille. „Was machen wir?"

„Stehenbleiben. Die Leute im Haus müssen doch darauf aufmerksam werden und die Hunde zurückrufen", meinte Simon.

Gespannt starrten sie zum Haus hinüber, aber nichts geschah. Endlich bewegte sich die

Gardine. Ein brummiges Altfrauengesicht erschien, einen Augenblick lang sah sie gleichgültig auf die sechs Reiter hinunter, dann verschwand sie wieder. Weiter passierte nichts.

„Das gibt's doch wohl nicht!" knurrte Joy. Sie formte ihre Hände zu einem Trichter und rief zum Haus hinüber: „He! Hallo! Ist da niemand?"

Die Hunde rückten bedrohlich näher. Die Pferde tänzelten ängstlich und wichen zurück.

„Na kommt, es hat keinen Sinn", sagte Bettina und wendete Sternchen.

Einer nach dem anderen folgte ihr. Daniel gab ihnen Rückendeckung, bis sie einen ausreichenden Abstand zwischen sich und die geifernden Köter gebracht hatten, dann wendete er Asterix blitzschnell und folgte ihnen in scharfem Galopp.

„Kinder, Kinder, was für ein Tag!" stöhnte Bille. „Zottel wird schon ganz melancholisch..."

„Und das Wetter scheint sich unserer trüben Lage anzupassen. Schaut mal, was sich da zusammenzieht!" sagte Bettina beunruhigt.

"Also, bei dem Gewitter möchte ich doch schon gern ein Dach über dem Kopf haben."

Simon hielt an und begann nochmals, seine Karte zu studieren.

"Bis zu diesem Dorf hier sind es noch drei Kilometer. Da müssen wir eine Unterkunft und etwas zu essen finden."

"Zeig mal..." Bille beugte sich zu ihm hinüber. "Der Weg macht ja einen riesigen Bogen! Können wir nicht quer durch den Wald reiten? Dann sind wir in einer halben Stunde da!"

"Ich weiß nicht – was meinst du, Joy?"

"Hm. Luftlinie ist es weniger als ein Kilometer. Du hast doch deinen Kompaß – versuchen wir's."

Eine Weile ritten sie durch lichten Hochwald, der Untergrund war weich und federte leicht, ein Genuß für die Pferde.

"Jetzt müßte das Dorf doch bald zu sehen sein?" fragte Bettina. "Der Wald scheint überhaupt nicht mehr aufzuhören!"

"Da vorn wird es heller, da kommen wir sicher an den Waldrand", tröstete Daniel sie.

Aber als sie näher herankamen, wartete die

nächste Enttäuschung auf sie. Sie standen an einer Lichtung mit dichtem Unterholz, die wenige Meter weiter an einem schroffen Felsabsturz endete. Unmöglich dort mit den Pferden hinunterzukommen! Unten setzte sich der Hochwald fort und irgendwo dahinter mußte das Dorf liegen.

Stumm sahen sie sich an, stumm wendeten sie ihre Pferde und ritten zu der Stelle zurück, an der sie vom Weg abgebogen waren. Über ihnen verdunkelte sich der Himmel immer mehr.

„Also, Freunde – Zähne zusammenbeißen. Drei Kilometer noch, und wenn uns das Dorf gefällt, machen wir einen ganzen Tag Pause dort." Daniel zwang sich zu einem aufmunternden Grinsen.

Keiner sagte ein Wort. Sie legten einen kräftigen Trab ein. Der Weg führte leicht bergab und war von Holzfahrzeugen ausgefahren, voller Kanten und tiefer Rinnen. Die Blicke wanderten abwechselnd sorgenvoll zum Himmel und wieder zurück auf den Weg. Im Wald regte sich kein Lüftchen, die Luft war dick wie Mehlsuppe, man glaubte, kaum noch atmen zu können.

Doch plötzlich wandelte sich das Bild. Die eben noch reglosen Bäume begannen, von einer heftigen Bö erfaßt, zu rauschen, die Baumkronen wurden hin und her gepeitscht, die Luft schien von einem tiefen Dröhnen erfüllt.

„Los, Kinder! Beeilt euch!" feuerte Daniel seine Mannschaft an. „Da vorn ist der Wald zu Ende. Wir müssen es gleich geschafft haben."

„Wie schwarz der Himmel ist – als wenn es Nacht wäre!" rief Bille Bettina zu.

„Ich versteh dich nicht! Der Sturm ist so laut..."

Bille winkte ab. Sie hatte alle Mühe, gegen den Wind anzukommen. Zottel senkte seinen Kopf wie ein Stier im Kampf, und Bille legte sich flach auf seinen Hals. Sie mußte den Mund fest zusammenpressen, um nicht Sand und Blätter zu schlucken, der Sturm hüllte die Reiter in dichte Staubwolken. Am Horizont zuckten die ersten Blitze.

„Da ist das Dorf!" Daniel fuchtelte mit den Armen und wies nach vorn.

Im Galopp erreichten sie das erste Haus. Über ihnen grollte der Donner.

„Stellt die Pferde unter das Scheunendach, ich rede inzwischen mit den Leuten!" Daniel sprang aus dem Sattel und lief zum Haus hinüber. Ein krachender Donnerschlag begleitete seinen Weg. Die Pferde wieherten aufgeregt und stiegen hoch. Sie waren kaum noch zu halten.

„Absitzen!" rief Simon. „Kommt weiter in die Scheune rein."

„Hast du Angst vorm Gewitter?" fragte Florian Bille.

„Nö – eigentlich nicht..."

„Ich eigentlich auch nicht..."

„Ich glaube, der Hunger ist es – der macht einen so nervös."

„Da kannst du recht haben."

Im Dunkel der Scheune wurden die Pferde etwas ruhiger. Draußen fielen die ersten Tropfen.

„Ich hab mal gehört, wenn es zu regnen beginnt, ist ein Gewitter nicht mehr so gefährlich", sagte Bettina. „Ob sie hier auf der Scheune einen Blitzableiter haben?"

„Keine Ahnung. Wo Daniel nur so lange

bleibt?" Simon stand am Scheunentor und sah zum Haus hinüber. Wahrscheinlich erzählt er erst mal unsere ganze Leidensgeschichte."

"Na, jedenfalls haben sie ihn nicht gleich rausgeschmissen", meinte Joy. "Das ist schon mal ein gutes Zeichen."

Endlich erschien Daniels blonder Schopf drüben in der Haustür. Er rief etwas und winkte den Freunden heftig zu.

"Was sagst du? Ich versteh dich nicht!" schrie Simon zurück.

Daniel legte die Hände an den Mund und brüllte: "Bindet die Pferde in der Scheune an und kommt ins Haus! Bringt eure Klamotten mit!"

"Habt ihr gehört? Es scheint geklappt zu haben", rief Simon den anderen zu. "Absatteln, Pferde anbinden und nichts wie rüber!"

Aber er hätte gar nichts zu sagen brauchen, längst hatten Bille, Joy, Bettina und Florian die Sattelgurte gelöst und die Sättel in einer Ecke auf einen Haufen geworfen. Mit fliegenden Fingern streiften sie das Zaumzeug ab und legten die Halfter an. Das Gewitter stand jetzt genau über dem Ort.

„Sollen wir sie überhaupt anbinden?" fragte Bille. „Wenn wir das Scheunentor zumachen, können sie nicht raus. Verletzen können sie sich hier nirgends – und falls der Blitz einschlägt, kommen sie leichter raus."

„Du hast recht, laß sie laufen. Nehmt eure Rucksäcke und legt euch die Regenjacken über die Köpfe und dann nichts wie rüber ins Haus. Ich schließe das Tor."

In großen Sprüngen hetzten sie über den Hof. Regen mit Hagel gemischt prasselte auf ihre Köpfe und verwandelte den staubigen Boden im Nu in eine Schlammwüste. Sturzbäche aus den überlaufenden Regenrinnen umgaben das Haus mit einem dichten Vorhang aus Wasser. Und immer noch zuckte Blitz auf Blitz, dröhnte der Donner über ihren Köpfen.

„Schnell, kommt rein!" rief Daniel und hielt die Tür weit auf. „Laßt eure nassen Sachen hier draußen im Flur. Da links geht's in die Küche."

Simon schlüpfte als letzter ins Haus.

„Wir haben Glück gehabt", flüsterte Daniel ihm zu. „Die Frau ist einsame Spitze. Hier kriegen wir alles, was wir wollen. Ich hab ihr gesagt, daß wir alles bezahlen können, daß wir aber auch gern auf dem Hof helfen, wenn sie es möchte. Nur Hafer müssen wir woanders organisieren."

„Klasse. Und schlafen können wir hier auch?"

„Sie hat Fremdenzimmer für Sommergäste. Davon sind zwei zufällig frei. Doppelzimmer mit je einer Couch als Kinderbett – irgendwie werden wir da schon klarkommen. Bettina und Florian kommen in die Kinderbetten. Sogar eine Dusche gibt's oben."

„Und die Pferde können wir in der Scheune lassen?"

„Klar."

Daniel schob Simon vor sich her in die Küche.

„Frau Albrecht – dies ist mein Bruder Simon. Die anderen haben sich wohl schon bekannt gemacht."

Frau Albrecht, eine rundlich-rosige Frau in mittleren Jahren, die an Frau Holle erinnerte, schüttelte Simon die Hand. In ihrer Pranke wirkten Simons schmale Finger wie die Hand einer Wachspuppe. Man hatte den Eindruck, sie würde den zarten Simon voller Mitgefühl gleich auf die Arme nehmen und wiegen wie ein Baby.

„Setz dich, mein Junge", sagte sie mit einer tiefen, weichen Stimme, die einen wie heißer Kakao an einem kalten Wintertag durchrieselte. Die anderen mußten ähnliche Gefühle haben, denn sie saßen um den Tisch mit Gesichtern wie nach der Weihnachtsbescherung.

Auf dem Herd brodelte Suppe. Daneben stand eine große braune Schüssel, in die Frau Albrecht jetzt Mehl siebte und Eier hineinschlug. Mit kräftigen Schlägen mischte sie einen Pfannkuchenteig. Bille und ihren Freunden wurde ganz taumelig zumute vor Glück. Draußen tobte das Gewitter, aber hier drinnen fühlte man sich warm und geborgen wie in einem Himmelbett.

Frau Albrecht schöpfte Suppe in die schon bereitstehenden Teller. Nudelsuppe mit großen Stücken Fleisch darin und Gemüse. Dann stellte sie einen Krug Milch auf den Tisch und goß Kuchenteig in die Pfanne. Apfelschnitzel wurden großzügig auf den Teig verteilt und das Ganze dick mit Zimtzucker bestreut. Florian quollen fast die Augen aus dem Kopf vor Wonne.

Fast eine Stunde lang aßen und tranken sie schweigend. Nur manchmal erklang ein „Ah!" und „herrlich!" oder „Mann, schmeckt das phantastisch!" Dann lehnte sich sogar Florian stöhnend zurück und weigerte sich, den letzten Apfelpfannkuchen – dem guten Wetter zuliebe – noch zu vertilgen.

„Jetzt müssen wir uns aber dringend um die Pferde kümmern", sagte Bille, die schon eine Weile mit ihrem schlechten Gewissen kämpfte. „Wo können wir hier im Ort Hafer bekommen, Frau Albrecht?"

„Moment, ich telefonier mal eben. Dann sage ich euch, wie ihr hinkommt."

Frau Albrecht ging auf den Flur hinaus, und Bille, Daniel und Joy sowie Simon folgten ihr, um sich Stiefel und Jacken wieder anzuziehen.

„Schon erledigt", erklärte Frau Albrecht. „Ihr müßt zum Bauern Horbat, links die Straße rauf bis zur Kirche, dann der erste Hof rechts rein."

„Gut, das können Florian und Bettina erledigen", ordnete Daniel an. „Wir anderen gehen schon mal rüber in die Scheune."

Das Gewitter war weitergewandert, aber immer noch strömte der Regen in dichten Bächen vom Himmel.

„Man könnte meinen, wir hätten November und nicht August", meinte Bille. „Es ist schon fast dunkel."

Sie faßte das schwere Scheunentor und zog es auf. Ein plötzlicher Windstoß riß es ihr aus den Händen, und krachend schlug es gegen die Wand. Bille betrat als erste die Scheune und glaubte zu träumen: Auf der gegenüberliegenden Seite hing eine morsche Tür in den Angeln und wurde vom Wind hin und her gezerrt. Von den Pferden keine Spur!

Bille schrie auf. Unfähig, ein Wort herauszubringen wies sie auf die leere Scheune. Daniel erfaßte die Situation sofort.

„Der Sturm muß die Tür aufgerissen haben. Wahrscheinlich sind sie durch das Gewitter erschreckt voller Panik davongerast. Los, wir müssen sie suchen! Bettina! Florian! Kommt mit."

Simon unterrichtete in aller Eile Frau Albrecht von dem, was passiert war.

„Lauft ihr nur zu!" sagte sie. „Ich ruf inzwischen auf unserer Polizeitstation an, falls jemand dort das Auftauchen eurer Pferde meldet."

„Wo fangen wir an?" fragte Bettina kläglich. „Es gibt so viele Möglichkeiten..."

„Wir gehen erst mal auf Spurensuche." Bille winkte den anderen mitzukommen und stürmte durch die Scheune zum hinteren Ausgang.

Ihre Ahnung hatte sie nicht getrogen. Im vom Regen aufgeweichten Boden sah man deutlich die Abdrücke galoppierender Hufe. Sie führten quer über den Kartoffelacker zum Waldrand hinüber. Bille folgte in großen Sprüngen der Fährte.

„Zottel!" schrie sie verzweifelt. „Zottel! Wo steckst du?"

„Wenn die in den Wald gerannt sind, können wir tagelang suchen!" keuchte Daniel hinter ihr.

Hinter dem Kartoffelacker kam eine Wiese, die von einem kleinen Bach durchzogen war.

Hier waren sie hinübergesetzt, das sah man ganz deutlich. Ein Glück, daß der Regen den Boden so stark aufgeweicht hatte! Bille hetzte weiter.

Plötzlich machte die Spur eine Wendung nach links. Bille schaute auf und stand vor einem Koppelzaun. Also waren sie nicht in den Wald gekommen. Sie mußten zur Straße hinüber – zur Schnellstraße! Das war noch viel schlimmer!

Bille und Daniel winkten den anderen heftig zu, sich zu beeilen. Keuchend stolperten sie weiter.

Da vorn! Im dichten Regen kaum zu sehen, bewegten sich ein paar Gestalten auf der Auto-Schnellstraße hin und her, Bille fühlte ein würgendes Schluchzen in der Kehle. Jeden Augenblick konnte ein Autofahrer, der mit überhöhter Geschwindigkeit die Straße heraufkam, mit einem der Pferde zusammenprallen! Auch die anderen hatten das Gefährliche der Situation sofort erkannt. Bille sah, wie Florian und Bettina das untere Ende der Straße ansteuerten und sich im Laufen ihre gelben Regenmäntel auszogen, um sie als Warnflagge zu benutzen. Gut so!

„Lauf du in die andere Richtung und versuch die Autos aufzuhalten!" schrie Bille Daniel zu. Aber er war beeits auf dem Weg.

Am Horizont näherten sich Scheinwerfer. Ein Lastwagen brummte heran, hinter ihm setzte ein Personenkraftwagen zum Überholen an.

„Fahr langsam, du Idiot! Lieber Gott, mach doch, daß er langsamer fährt!" stöhnte Bille.

Jetzt hatten sie die Straße erreicht. Sie stolperte fast über ihre eigenen Beine, so erschöpft war sie vom Laufen. Hinter ihr kamen Simon und Joy. Da waren die Pferde! Hilflos irrten sie hin und her, denn an der anderen Straßenseite lief ein Koppelzaun entlang, der ihnen den Weg versperrte.

„Zottel, Bongo, Sternchen!" schrie Bille und stürzte vor, ungeachtet der nahenden Scheinwerfer.

Zottel erwischte sie als ersten, er ließ sich ohne Schwierigkeiten am Halfter packen. Aber Sternchen lief erschrocken davon, genau auf das Auto zu. Bille ließ Zottel los und raste hinter der Stute her. Ohrenbetäubendes Reifenquietschen erfüllte die Luft, in gleichmäßigen Kreisen trudelte das Auto auf Sternchen zu. Bille hechtete durch die Luft und griff im Fallen nach ihrem Halfter, mit letzter Kraft riß sie die Stute herum. Sternchen bäumte sich auf und warf sich zur Seite. Millimeter von ihren Hinterbeinen entfernt kam das Auto zum Stehen.

Bille war vornübergestürzt und lag einen Augenblick reglos auf der Straße. Der Fahrer des Wagens kam bleich zu ihr herüber.

Bille blinzelte, dann richtete sie sich mühsam auf. Sie blutete aus einer Wunde an der Stirn, und die Knie schmerzten ekelhaft. Bille befühlte ihre Arme und Beine.

„Scheint alles noch dran zu sein", sagte sie und versuchte ein Lächeln. „Kommen Sie, wir müssen die Pferde einfangen."

Daniel war es gelungen, den Lastwagen rechtzeitig zum Anhalten zu bewegen, und aus der anderen Richtung war ebenfalls nichts mehr zu befürchten. Durch die dichten Regenschleier erkannte man eine Schlange haltender Autos, die von Florian darüber aufgeklärt wurden, was hier passiert war.

Von allen Seiten umzingelt ließen sich die Pferde bald einfangen, durch die vertrauten Stimmen ihrer Reiter allmählich wieder beruhigt. Und Bille wurde aus dem Erste-Hilfe-Kasten des Lastwagenfahrers verarztet. Dann zogen die Reiter mit ihren Pferden über die Wiese davon. Zerschunden und erschöpft, aber sehr erleichtert darüber, daß alles noch einmal glimpflich abgelaufen war.

Dort drüben in dem Haus hinter dem Kartoffelacker wartete Frau Albrechts mütterliche Fürsorge, ein Bett, eine heiße Dusche und genug zu essen und zu trinken. Was brauchten sie mehr?

Daniel hat Probleme

Es war kein Geheimnis, daß Daniel bis über beide Ohren in Joy verliebt war, auch wenn er versuchte, es sich nicht anmerken zu lassen.

Wie es dagegen um Joys Gefühle stand, wußten sie nicht. Immerhin glaubte Bille aus einigen Bemerkungen entnommen zu haben, daß auch Daniel Joy keineswegs gleichgültig war. Gesprochen wurde darüber nicht.

Auch über etwas anderes wurde nicht gesprochen: nämlich darüber, daß man jeden Tag damit rechnen mußte, daß Joy von ihren Eltern gesucht wurde. Irgendwann in diesen Tagen würde die Direktorin des Internats bei Herrn Hoffmann anrufen und sich erkundigen, wie es der kranken Joy ginge und wann mit ihrem Kommen zu rechnen sei. Und dann würde es nur noch eine Frage von Stunden sein, bis man Joy gefunden hatte.

Sie hatten noch einen weiteren Tag Rast bei der netten Frau Albrecht eingelegt. Es war herrlich, einmal wieder in einem richtigen Bett zu schlafen, sich unter eine heiße Dusche stellen zu können und sich morgens an den gedeckten Frühstückstisch zu setzen. Außerdem hatten sie am Anfang ihrer Safari soviel gespart, daß sie sich diesen kleinen Luxus jetzt ohne weiteres leisten konnten. Es war wenig genug, was Frau

Albrecht sich für die beiden Zimmer und das herrliche Essen bezahlen ließ. Die Pferde durften sogar kostenlos in der Scheune stehen und sich an dem saftigen Heu sattfressen.

Während Frau Albrecht ihre vom Gewitterregen verschmutzten Sachen in die Waschmaschine stopfte, machten die Freunde mit den Pferden einen Ausflug zu einer nahe gelegenen Burgruine, von der ihre Gastgeberin ihnen erzählt hatte. Sie banden ihre Pferde im Innenhof des alten Gemäuers fest und stiegen auf den Turm.

„Wie wär's, wenn wir uns die Burg wieder instand setzten und einfach hierblieben?" fragte Joy. „Nur wir und unsere Pferde. Natürlich brauchten wir ein paar Glasscheiben und Kitt für die Fenster. Wir würden uns einen großen Kamin bauen, auf dem man auch kochen kann, und einen Raum ganz mit Holz auskleiden, damit es im Winter nicht so kalt wird. Vormittags würden wir reiten, jagen und fischen, und nachmittags würden wir unten im Burghof Reiterspiele aufführen, damit wir das nötige Geld für Futter und Essen verdienen."

„Romantisch bist du gar nicht, wie?" neckte Simon sie. „Sicher wäre das schön – im Sommer. Aber im Winter, na, ich fürchte, da würden sogar unsere Pferde streiken!"

„Ich kann dich mir als Burgfräulein gut vorstellen", sagte Daniel und rückte wie zufällig etwas näher an Joy heran. „Mit einem Hut aus grünem Samt und einem langen Federbusch, einen Falken auf der Hand – ein langes Gewand aus besticktem Samt hättest du an, und Saphir hätte goldenes Zaumzeug…"

Florian schnitt hinter Daniels Rücken eine Grimasse und tippte sich unmißverständlich an die Stirn. Aber Joy schien es zu gefallen, ihr sonst so blasses Gesicht bekam die Farbe eines reifen Pfirsichs. Bille sah es und wandte sich zur Treppe.

„Entschuldigt mich, ich seh nur mal nach den Pferden." Dabei zwinkerte sie den anderen heftig zu.

„Warte, ich helf dir…" Bettina hatte verstanden.

Auch Simon und Florian verständigten sich durch einen Blick und verließen das Turmgemach. Unten setzten sie sich in die Sonne und warteten, bis die beiden dort oben ihr tiefsinniges Gespräch beendet hatten. Von hier unten konnte man ihre Köpfe in der leeren Fensterhöhle des Turmstübchens sehen. Sie sahen sich in die Augen und redeten – und redeten...

„Jetzt reicht's, glaube ich", sagte Simon. „Ich habe Hunger – ihr nicht?"

„Und ob!"

Simon legte seine Hände an den Mund und imitierte die Stimme eines Kuckucks. Dann krächzte er wie ein Rabe. Als er auch noch klägliches Hundebellen von sich gab, wurden Daniel und Joy endlich aufmerksam. Simon zeigte auf seine Armbanduhr, dann mit schmerzlich verzogenem Gesicht auf seinen Magen.

„Wir kommen! In einer Sekunde sind wir unten!" rief Joy.

Simon ließ den Blick nicht von der Uhr, bis Daniels Kopf in der Türöffnung auftauchte.

„Eine Sekunde dauert bei euch genau sechseinhalb Minuten", sagte er grinsend. „Erstaunlich, was?"

Daniel wurde rot, aber ehe er etwas erwidern konnte, saßen die anderen bereits im Sattel und trabten davon. Die Regenwolken wurden von einem stürmischen Wind nach Osten getrieben, wie riesige Federbetten auf einem himmelblauen See segelten sie dem Horizont zu. Die frischgewaschenen Blätter der Buchen wehten im Wind, als hätte man sie zum Trocknen an die Leine gehängt. Die Steine schimmerten, als wären sie blank geputzt worden. Selbst die Erde sah aus, als käme sie eben aus der Reinigung.

Bille atmete tief die würzige Luft ein. Die Wunde an der Stirn hatte sie schon fast vergessen, und auch die Schmerzen in den aufgeschürften Knien vergingen allmählich. Simon, der neben ihr ritt, sah sie verschmitzt an.

„Geht's dir auch so teuflich gut?"

„Hm..."

„Das Glück der Erde liegt auf dem Rücken der Pferde", sang Simon. „Nächstes Jahr reiten wir durch Frankreich, abgemacht?" Ganz unvermutet streckte er die Hand nach Bille aus und sah ihr in die Augen.

Bille legte zögernd ihre Hand in seine. Ihr Herz begann zu flattern wie ein eingesperrter Vogel.

„He!" sagte sie unsicher und sah ihn von der Seite an.

„Mach dir nichts draus", Simon lachte leise, „mir ist gerade was eingefallen."

„Und was?"

„Na ja, es ist komisch: immer wenn ich ans Reiten denke, so wie eben, und mir das so vorstelle, wie ich durch Frankreich reite oder durch England – immer bist du dabei. Merkwürdig, nicht wahr?"

„Hier muß 'ne ansteckende Krankheit ausgebrochen sein", quakte Floiran hinter ihnen.

Simon ließ Billes Hand los und gab Pünktchen die Sporen. Die Stute schoß überrascht davon. Bille blieb verwirrt zurück. Neben ihr kam Florian heran.

„Was hat er denn?" fragte er neugierig. „Über was habt ihr gesprochen?"

„Och..." Bille versuchte, ein gleichgültiges Gesicht zu machen. „Wir haben eben einen neuen Plan entwickelt – für später irgendwann...

„Erzählst du ihn mir?"

„Klar. Wenn es soweit ist."

Sie kamen aus dem Wald heraus und sahen das Dorf unter sich liegen. Dort drüben lag der Hof von Frau Albrecht, deutlich sah man die Eingangstür mit den großen Geranienschalen rechts und links davor.

Bille hörte einen unterdrückten Schrei des Entsetzens in ihrem Rücken.

„Nein!" keuchte Joy. „Sie kriegen mich nicht. Ich lasse mich nicht im Internat einsperren! Ihr habt keine Ahnung, wo ich bin, hört ihr? Verratet mich nicht! Bitte!"

„Aber Joy, sei doch vernünftig, sie wissen doch jetzt, daß du hier bist", rief Daniel hinter ihr her.

Aber Joy galoppierte bereits den Weg zurück und war gleich darauf im Wald verschwunden.

„Was ist eigentlich los?" fragte Florian verständnislos.

„Siehst du nicht den Jeep da unten auf dem Hof? Er gehört Joys Vater. Na Prost! Das Gewitter, das uns jetzt erwartet, dürfte das gestrige um einiges in den Schatten stellen", seufzte Bille. „Warum waren wir auch so dumm und haben uns eingeredet, der Schwindel würde nicht herauskommen. Geschieht uns ganz recht."

„Na kommt", sagte Daniel, „desto eher haben wir's hinter uns."

Bille war, als müsse sie aufs Schafott steigen, als sie in den Hof einritten. Wie hatte sie sich von Joy nur so beruhigen lassen können! Joy mit ihrem ständigen „da fällt mir schon was ein", „das schaffe ich schon" und „das ist schließlich mein Problem!" Am Anfang hatte Bille noch versucht, mit ihr über ihre Flucht von zu Hause zu reden, aber schließlich hatte sie selbst geglaubt, Joy sei für ihre Dummheiten allein verantwortlich und müsse wissen, was sie tat.

Herr Hoffmann erwartete sie vor der Haustür.

„Wo ist Joy?" fragte er schneidend.

„Wir wissen es nicht", sagte Daniel unsicher.

„Ich höre wohl nicht richtig! Du hast die Unverschämtheit, mir ins Gesicht zu lügen?"

„Wir wissen es wirklich nicht, sagte Bettina fest. „Als sie vom Waldrand aus Ihren Wagen auf dem Hof sah, ist sie umgekehrt und wie eine Wilde davongaloppiert. Sie war so schnell verschwunden – ich glaube, sie wußte in dem Augenblick selbst nicht, wo sie hinwollte."

Herr Hoffmann war schneeweiß im Gesicht. Er trat einen Schritt auf Daniel zu.

„Komm mit", sagte er kalt. „Du bist ja wohl der Älteste von euch und trägst die Verantwortung für das Unternehmen. Ich möchte mit dir sprechen."

Daniel hatte Mühe, aus dem Sattel zu kommen, so weich waren seine Knie. Bille saß ebenfalls ab und nahm Asterix beim Zügel. Herr Hoffmann stapfte ins Haus, Daniel folgte ihm schweigend.

Bille verschwand mit Asterix und Zottel in der Scheune und sattelte sie ab. Die anderen folgten ihr zögernd.

„Du lieber Himmel!" stammelte Bettina. „Das gibt ein Theater! Was werden die Eltern sagen..."

Und Herr Tiedjen! fuhr es Bille durch den

Kopf. Ihm hatten sie es zu verdanken, daß sie bei den Hoffmanns zu Gast sein durften. Nein – soweit durfte es einfach nicht kommen!

Aus dem Haus hörte man Herrn Hoffmann brüllen. Daniels Stimme war nicht zu erkennen, wahrscheinlich kam er gar nicht zu Wort.

Nach einer Weile erschien Daniel. Er ging wie ein Nachtwandler zu Asterix und legte ihm den Sattel wieder auf. Asterix schnaubte ärgerlich. Daniels Gesicht hatte die Farbe eines schimmelnden Weißkäses, nur um die Augen glühten ein paar rote Flecken.

„Was ist los? Was hast du vor?" fragte Bille ängstlich.

„Joy suchen", sagte Daniel rauh. „Er wartet oben darauf, daß ich ihm seine Tochter auf dem silbernen Tablett serviere, damit er ihr den Hintern versohlen kann. Dabei ist sie fast fünfzehn!" Daniel lachte bitter. „Macht's gut, Kinder. Und macht euch keine Sorgen, falls wir nicht wiederkommen. Wir schlagen uns schon durch."

„Du spinnst!" Simon faßte seinen Bruder am Arm. „Das kannst du doch nicht machen,

Daniel!"

„Das kann ich nicht? Woll'n doch mal sehen, ob ich das nicht kann. Er hat gesagt, ich soll ihm nicht eher unter die Augen kommen, bis ich sie gefunden und zurückgebracht habe. Wenn ihr mich nicht verpetzt, kann ich einen ganz schönen Vorsprung herausschinden."

„Und was wird mit uns? Und mit den Eltern?"

„Und mit Herrn Tiedjen?" fiel ihm Bille ins Wort. „Er hat uns an Herrn Hoffmann empfohlen! Bist du dir klar darüber, daß du einen riesigen Scherbenhaufen hinterläßt, wenn du jetzt mit Joy abhaust?"

„Ach, laßt mich doch in Ruhe", knurrte Daniel und stieß Simon von sich. „Ich weiß, was ich tue. Und ich hoffe, ihr laßt uns nicht im Stich." Damit sprang er in den Sattel und stob davon. Bille lief ihm ein paar Meter nach, als könne sie ihn aufhalten. Sie sah, wie er den Weg zum Wald einschlug, den sie vorhin gekommen waren. Ob Joy sich in der Burg versteckt hielt? Möglich war es schon.

Bille sah nachdenklich hinter Daniel her, der jetzt zwischen den Bäumen verschwand. Ein paarmal tauchte Asterix wie ein schneeweißer hüpfender Punkt noch zwischen dem grünen Laub auf, dann war nichts mehr zu erkennen. Bille wandte sich entschlossen um und ging zum Haus hinüber.

„Wo ist Herr Hoffmann?" fragte sie Frau Albrecht, die in der Küche in ihren Töpfen rührte.

„Oben, im Zimmer der Jungen. Was ist denn eigentlich los? Kommt ihr nicht zum Essen?"

Bille trat in die Küche und zog die Tür hinter sich zu.

„Es – es tut mir sehr leid, Frau Albrecht – ich meine, daß der Krach gerade hier bei Ihnen passiert ist. Sie waren so nett zu uns. Es geht um Joy – sie ist heimlich ausgerissen, um mit uns zu reiten, ihr Vater ist furchtbar wütend. Ich will versuchen, es wieder in Ordnung zu bringen."

Bille verließ die Küche, ehe Frau Albrecht noch etwas sagen konnte. Sie mußte ihr Gespräch mit Herrn Hoffmann schnell hinter sich bringen – ehe sie den Mut verlor.

Herr Hoffmann stand am Fenster und starrte hinaus. Bille blieb unschlüssig an der Tür stehen.

„Herr Hoffmann, ich...", Bille mußte sich räuspern, „ich möchte gern mit Ihnen sprechen."

„Bitte..." Herrn Hoffmanns Stimme klang kühl und unbeteiligt.

„Ich weiß natürlich nicht, was zwischen Ihnen und Joy vorgefallen ist, und – und ich weiß auch nicht, was Sie uns eigentlich vorwerfen..."

Herr Hoffmann lachte bitter auf.

„...aber ich möchte eines klarstellen", sagte Bille fest. „Wenn wir Joy aus Angst vor Ihnen nicht bei uns aufgenommen hätten, dann wäre sie allein weitergeritten. Sie war fest entschlossen, nicht ins Internat zu gehen. Jeder von uns hat versucht, mit ihr darüber zu reden – aber sie ließ sich von ihrem Plan nicht abbringen. Na ja, schließlich ist sie fast fünfzehn und kein kleines Kind mehr! Ist es denn ein Verbrechen, daß wir zu ihr gehalten haben? Wenn Sie jetzt nicht gekommen wären, hätten wir sie vielleicht überreden können, mit uns nach Buchenfeld zurückzureiten."

„So..." Herr Hoffmann drehte sich um und

lachte ironisch auf. „Dann bin ich also jetzt schuld daran, daß meine Tochter davonläuft und sich allein in der Welt herumtreibt."

Bille holte tief Luft. Sie durfte sich jetzt nicht kleinkriegen lassen!

„Das habe ich nicht gesagt", antwortete sie ruhig.

„Joy und kein kleines Kind mehr!" schnaubte Herr Hoffmann. „Kindischer kann man sich doch gar nicht benehmen! Erst die unverzeihliche Bummelei in der Schule – und ich habe sie gewarnt! Immer wieder habe ich sie gewarnt! Aber nein, das Reiten war ja wichtiger. Ich habe ihr angedroht, daß ich sie von ihrem Pferd trennen würde – nun ja, wer nicht hören will, muß fühlen."

„Joy hat genau das getan, was ich auch getan hätte", sagte Bille entschlossen. „Ich liebe meine Eltern über alles, genauso wie Joy Sie liebt – und das weiß ich, sie hat es mir gesagt – aber wenn meine Eltern mich von den Pferden trennen und in ein Internat stecken würden, bloß weil mein Zeugnis nicht mehr von Einsern und Zweiern strotzt, ich würde auch davonlaufen, das schwöre ich Ihnen! Wissen Sie eigentlich, was für ein prima Kerl Joy ist? Ohne sie wären wir bei unserer Tour oft hilflos auf der Strecke geblieben! Joy ist geschickt, sie kann improvisieren, sie hat Phantasie und versteht was von Pferden, sie reitet besser als wir alle! Und ich bin überzeugt, sie beherrscht heute schon alles, was sie wissen muß, um eines Tages Ihren Hof und Ihr Gestüt zu übernehmen. Was wollen Sie eigentlich noch?"

„Du bist ziemlich forsch, junge Dame", sagte Herr Hoffmann und schaute Bille in einer Mischung aus Ärger und Neugierde an. „Was macht dich eigentlich so sicher?"

Bille zögerte einen Augenblick.

„Ich weiß nicht, ob ich sicher bin. Ich bin nur wütend. Einfach wütend darüber, daß jemand wie Sie, ein Pferdenarr und ein guter Reiter und auch sonst ganz okay..."

Jetzt lächelte Herr Hoffmann zum erstenmal.

„Oh, danke!" sagte er.

„...daß jemand wie Sie", fuhr Bille unbeirrt fort, „der eine einzige Tochter hat, die Qualitäten besitzt, sie einfach abschiebt in ein Internat, weg von allem, was sie liebt – und bloß wegen ein paar schlechter Zensuren! Warum setzen Sie sich nicht einfach hin und pauken mit ihr?"

„Das fehlte noch, ich habe gerade genug um die Ohren! Joy ist doch kein kleines Kind mehr..."

„Ach!"

„Na ja, ich meine, sie ist doch aus dem Alter raus, wo man ihre Hausaufgaben kontrollieren muß", brummte Herr Hoffmann.

„Na und? Ihre Freundinnen wohnen alle kilometerweit entfernt, Geschwister hat sie keine, und die Pferdepfleger können ihr schlecht lateinische Vokabeln abhören. Warum spielen Sie den gestrengen Vater und nicht lieber ihren Partner? Was wäre daran so verkehrt? Wollen Sie denn wirklich, daß Joy Sie verläßt?"

„Mich verläßt? Wieso? Sie soll Disziplin lernen und ein anständiges Abitur machen. Ist das zuviel verlangt?"

„Ich glaube, Sie haben immer noch nicht kapiert, was eigentlich los ist", sagte Bille unglücklich. „Joy hat Sie verlassen, verstehen Sie das nicht! Und selbst wenn Sie sie mit der Polizei einfangen und nach Hause bringen lassen, haben Sie sie verloren. Dann – dann wird alles kaputt sein, zwischen Joy und Ihnen!"

„So. Und was soll ich deiner Meinung nach tun?"

„Fahren Sie wieder nach Hause", sagte Bille ruhig. „Geben Sie uns eine Chance, das in Ordnung zu bringen. Und – geben Sie Joy eine Chance."

Herr Hoffmann drehte sich wieder zum Fenster und schwieg. Bille stand unschlüssig hinter ihm und wagte sich nicht zu rühren.

„Ich will darüber nachdenken", sagte Herr Hoffmann nach einer Weile. „Laß mich jetzt allein."

Als Bille in die Küche kam, saßen Bettina, Simon und Florian am Tisch und stocherten lustlos in ihrem Essen herum.

„Na?" fragte Simon und schnitt eine Grimasse.

„Vielleicht kommt doch noch alles in Ordnung. Habt ihr Zottel gefüttert?"

„Klar."

"Dann reite ich jetzt los. Ich muß die beiden finden."

"Ich komme mit."

"Wir auch." Bettina sprang auf.

"Nun iß doch erst mal was, Kind!" sagte Frau Albrecht beschwörend zu Bille.

"Nein – das kostet zuviel Zeit. Bitte, seien Sie nicht böse, aber..."

"Ich heb dir was auf. Und den anderen beiden..."

"Danke!" Bille umarmte Frau Albrecht heftig. "Schade, daß Sie nicht bei uns in Wedenbruck wohnen", sagte sie. "Am liebsten würde ich Sie mit nach Hause nehmen!"

Wenige Minuten später waren sie wieder auf dem Weg zur Burgruine. Bille war sich ziemlich sicher, daß Daniel und Joy dort untergeschlüpft waren – und sie sollte sich nicht getäuscht haben. Daniel hatte das Kommen der Freunde vom Turm aus beobachtet und kam ihnen entgegen.

"Was ist los? Wollt ihr mit uns kommen?" rief er schon von weitem.

"Im Gegenteil. Wir wollen euch zurückholen", sagte Bille und sprang aus dem Sattel. „Herr Hoffmann bereitet gerade seinen Rückzug vor. Ich habe mit ihm gesprochen."

„Er fährt wieder ab? Wie hast du das geschafft?" fragte Joy.

„Ich hoffe, er fährt. Aber ich glaube schon", sagte Bille vorsichtig. Und dann erzählte sie Wort für Wort, wie sich das Gespräch abgespielt hatte.

„Ehrlich gesagt ist mir vor meinem Mut selbst ein bißchen angst geworden", schloß sie den Bericht. „Ich bin ganz schön auf ihn losgegangen."

Statt einer Antwort fiel Joy ihr um den Hals. Bille merkte, daß sie weinte.

„Es ist alles so verdammt verkorkst", sagte Joy leise. „Was soll ich bloß tun?"

„Da fällt uns schon was ein", gab Bille zur Antwort.

Als sie auf den Hof zurückkehrten, war Herr Hoffmann abgefahren. Er hatte für Joy einen Brief bei Frau Albrecht zurückgelassen, in dem er ihr freistellte, mit den Freunden weiterzureiten und sie bat, ihm zu sagen, wie sie sich die

Lösung des Problems vorstellte.

Nachdem sie gegessen hatten, verschwand Joy im Zimmer der Mädchen und schrieb an ihren Vater einen zehn Seiten langen Brief. Und da ihre Schreibwut ansteckend wirkte, entschlossen sich die anderen, ebenfalls an die Eltern zu schreiben. Und Frau Albrecht belohnte soviel guten Willen mit einem riesigen Napfkuchen.

Das lustigste Volksfest

Der Abschied von Frau Albrecht fiel ihnen schwer. Einen weiteren Tag waren sie nach all den Aufregungen noch geblieben, aber dann hieß es endgültig weiterreiten.

Frau Albrecht versorgte sie reichlich mit Proviant und ließ sich auf der Karte die Strecke zeigen, die sie sich für die letzten Tage vorgenommen hatten.

„Da kommt ihr ja ganz nah an Oldesweiler

vorbei!" rief Frau Albrecht überrascht aus. „Na, da müßt ihr unbedingt einen Abstecher machen! Übermorgen beginnt doch das große Volksfest – da müßt ihr unbedingt hin. Und wohnen könnt ihr bei meinem Vetter, da ist Platz genug. Ich werde ihn anrufen und ihm sagen, daß ihr kommt."

„Was ist das für ein Volksfest?" erkundigte sich Bettina.

„Ein Fest zu Ehren der Gründung des Ortes vor siebenhundert Jahren", erklärte Frau Albrecht stolz, als wäre sie an der Gründung beteiligt gewesen. „Mein Vetter ist im Festkomitee. Was glaubt ihr, was da alles los sein wird!"

„Warum nicht?" Daniel sah die anderen fragend an. „Übermorgen könnten wir dort sein und die Eröffnung des Festes miterleben. Und wenn wir Aussicht auf ein Quartier haben..."

„Das ist kein Problem", sagte Frau Albrecht lachend. „Das halbe Dorf ist mit mir verwandt."

Frau Albrechts Vetter hätte ebensogut ihr Zwillingsbruder sein können, so ähnlich war er ihr. Alles an ihm war rund, und er strahlte die gleiche Herzlichkeit aus wie seine Cousine. Seine Frau war schmal und zierlich und erinnerte mit ihren großen braunen Augen und flinken Bewegungen an ein Eichhörnchen. Die beiden hatten eine ganze Schar Kinder, die sämtlich wie kleinere Ausgaben des rundlich-fröhlichen Vaters wirkten. Sie begrüßten Bille und ihre Freunde wie nach einer gefährlichen Expedition heimgekehrte Familienmitglieder. Frau Albrecht mußte stundenlang mit ihnen telefoniert haben, denn sie waren über jede Einzelheit informiert. Für die Pferde standen sechs saubere Boxen mit frischer Streu bereit, und für ihre Reiter war reichlich Platz in dem geräumigen Bauernhaus.

„Das sind die drei Zimmer für unsere nächsten sechs Kinder", erklärte der Hausherr augenzwinkernd.

„Gleich gibt es Mittagessen", gab Erwin, der Älteste, bekannt. „Und danach können wir mit der Probe beginnen."

„Mit welcher Probe?" fragte Bille höflich.

„Na, für unser Ritterspiel morgen."

„Oh, ihr probt ein Ritterspiel. Dürfen wir da zuschauen?"

„Wieso zuschauen? Ihr spielt doch mit!"

„Ach...", sagte Bille überrascht, „wir spielen mit?"

„Klar! Wozu seid ihr denn sonst hier?"

„Tante Lotte hat gesagt, ihr wollt mitfeiern", meldete sich eine der kleineren Schwestern zu Wort.

„Alle die mitfeiern, machen was", rief eine andere dazwischen.

„Na, dann machen wir auch was, ist doch logisch", sagte Florian. „Ihr werdet mit uns zufrieden sein."

Wenn Bille und ihre Freunde geglaubt hatten, bei dem Ritterspiel handle es sich um eine Aufführung der Kinder, so wurden sie bald eines Besseren belehrt.

Nach Tisch zogen sie mit Erwin und seinen Geschwistern zur Burg hinauf, die sich oberhalb des zwischen Weinbergen an einem Hang liegenden Oldesweiler erhob. Im Burghof waren bereits Zuschauerbänke für ein paar hundert Leute aufgebaut. Junge Burschen auf gefährlich schwankenden Leitern schmückten das alte Gemäuer mit Girlanden und Fähnchen.

„Wo sind die Pferde?" rief einer von ihnen Erwin zu. „Ohne die Pferde können wir doch nicht proben!"

Erwin winkte lässig ab.

„Die holen wir später. Erst mal müssen wir denen da doch das Spiel erklären und den Text einstudieren..."

„Die haben uns total verplant", flüsterte Simon Bille zu, „ich bin gespannt, was noch alles kommt."

Bei dem Ritterspiel handelte es sich um die blutrünstige und rührende Geschichte des Grafen Edelbert, der Burg und Stadt Oldesweiler gegründet hatte, auch wenn die Stadt nie über die Größe eines mittleren Dorfes hinauswuchs. Der Lehrer der Volksschule hatte das Stück geschrieben, und ursprünglich hatte man geplant, die Pferde der Ritter von kräftigen Burschen spielen zu lassen. Da nun aber ein gütiges Schicksal sechs junge Reiter nebst Rössern gerade im richtigen Augenblick nach Oldesweiler führte – was lag näher, als sie in dem Ritterspiel auftreten zu lassen?

„Also..." Erwin stellte sich in der Pose des großen Regisseurs vor seine Mitspieler. „Am Anfang habt ihr Pause."

„Das ist schon mal ein guter Einfall", sagte Bille.

„...da tritt nämlich ein Balladensänger auf, das bin ich, und erzählt die ganze Vorgeschichte. Wie Graf Edelbert überall in der Welt in den Krieg gezogen ist und mit seinen Getreuen viele Schlachten gewonnen hat. Jetzt kehrt er nach Hause zurück und möchte die edle Prinzessin Magdalena heiraten. Der König, Magdalenas Vater, will sie aber einem anderen alten Fürsten zur Frau geben, der sehr reich ist. Er ist nämlich pleite. Das ist der erste Akt..."

„Daß er pleite ist?"

„Quatsch, daß Edelbert Magdalena seine Liebe erklärt und dann von seinem Schwiegervater eine Abfuhr bekommt und wieder weggeschickt wird."

„Aha."

„Im nächsten Akt sagt Magdalena ihm, daß sie nur ihn liebt und den ollen Fürsten niemals heiraten wird, eher stürzt sie sich ins Schwert. Das will Edelbert nun auch wieder nicht..."

„Wahrscheinlich kann er kein Blut sehen", brummte Daniel.

„...also, beschließt er, Magdalena auf seine Burg zu entführen und heimlich zu heiraten. Er reitet nachts vor ihr Fenster und sie steigt auf einer Strickleiter zu ihm runter und er nimmt sie auf seinen Schimmel."

„Deine Rolle...", sagte Bille und sah Daniel an.

„Wieso meine? Joys Rolle!"

„Unsinn!" wehrte sich Joy. „Wir können doch unmöglich in einem Tag soviel Text lernen!"

„Keine Sorge", beruhigte Erwin sie. „Den Edelbert spielt der Sohn unseres Lehrers. Wir brauchen nur einen Knappen, der den Schimmel hält."

„Okay. Wir nehmen Asterix – wegen des Gewichts – und Joy spielt den Knappen", schlug Daniel vor. „Und weiter?"

„Im nächsten Akt ist die Hochzeitsfeier", fuhr Erwin fort und wies in den Hintergrund der Bühne. „Dort steht die große Festtafel. Edelbert und seine Getreuen sind gerade im schönsten Hochzeitfeiern, da galoppiert ein reitender Bote heran und berichtet atemlos, daß der Nebenbuhler mit seinem Heer heranrückt, um sich zu rächen und die Burg anzuzünden. Den reitenden Boten spielst du!" sagte Erwin und zeigte auf Bille.

„Gern – aber wieso gerade ich?"

„Weil dein Pferd so ulkig aussieht – und die schönen Pferde brauchen wir für die Ritter."

„Logisch." Simon grinste zu Bille hinüber. „Zottel ist das typische Botenpferd"

„Der nächste Akt ist der Höhepunkt des Stückes", erklärte Erwin feierlich. „Edelbert fordert den Fürsten zum Zweikampf heraus, und nach einem langen erbitterten Ringen tötet er ihn. Der Fürst stürzt vom Pferd und schreit sterbend seinen Getreuen zu, sie sollen ihn rächen."

„Interessant. Und wer soll deiner Meinung nach den Fürsten spielen?"

„Wer von euch kann denn am besten vom Pferd fallen?"

Die drei Brüder sahen sich an.

„Der gelenkigste ist auf jeden Fall Simon", meinte Daniel, „obgleich Florian mehr Erfahrung im Fallen hat."

„Dann nehmen wir Florian", beschloß Erwin. „Simon spielt den Edelbert."

„Wieso denn das? Ich denke der Sohn des Lehrers..."

„Der kann doch nicht reiten. Und in der Ritterrüstung sieht man sowieso nicht, wer drinsteckt. Daniel würde nicht in die Rüstung passen, er ist zu groß."

„Ihr habt richtige Ritterausrüstungen? Prost Mahlzeit, auf den Kampf bin ich gespannt", platzte Bettina heraus.

Erwin sah Bettina nachdenklich an.

„Schade!" sagte er. „Na, kann man nichts machen."

„Was ist schade?"

„Daß wir dich nicht als Prinzessin nehmen können, du bist so schön und – na eben so prinzessinhaft. Aber dann wäre Ellinor beleidigt."

„Und wer ist nun wieder Ellinor?"

„Die Tochter vom Friseur. Sie spielt die Prinzessin."

„Und wie geht das Stück nun zu Ende?" fragte Bille.

„Ach so, ja. Die Getreuen des Fürsten stecken aus Rache Edelberts Burg an und brennen sie nieder. Edelbert rettet seine junge Frau aus den Flammen und beschließt, eine neue viel schönere Burg zu bauen."

„Burg Oldesweiler."

„Genau."

„Na schön – fangen wir mit der Probe an, sonst werden wir bis zur Aufführung nicht damit fertig. Sollen wir jetzt die Pferde holen?" fragte Joy.

„Okay. Wir proben inzwischen den Anfang des Stücks. Da drüben sitzen unsere Darsteller. Kommt, ich mache euch bekannt miteinander."

Graf Edelbert, der Sohn des Lehrers, sah aus wie ein Riesenkaninchen mit Brille. Ellinor, die Prinzessin Magdalena, ein üppiges Mädchen von fünfzehn Jahren, schien ihren Ehrgeiz darein zu setzen, für die Erzeugnisse der Kosmetik-Industrie Reklame zu laufen. Vielleicht hielt sie eine solche Aufmachung aber auch für das unverzichtbare Attribut einer Schauspielerin. Sie wurde umringt von den Rittern und Getreuen, Buben jeder Altersklasse aus dem Dorf.

„Und das da oben ist Fürst Bodo..." Erwin wies auf einen bulligen Sechzehnjährigen, der auf einer der Leitern stand und einen Scheinwerfer montierte. „Er ist der Sohn des Elektrohändlers. Sein älterer Bruder spielt den König."

Bille und ihre Freunde schüttelten ihren Spielpartnern die Hand und stellten sich vor. Dann begann die Probe. Wenn der Sohn des Lehrers auch nicht gerade das war, was man sich unter einem jugendlichen Liebhaber vorstellte, deklamieren konnte er wunderschön und mit viel Gefühl. Die Oldesweiler Dorfjugend hing an seinen Lippen, und Prinzessin Magdalena verpaßte mehrmals ihren Einsatz vor lauter Anhimmeln.

Bettina und Daniel holten die Pferde, während die anderen den Fortgang des Stückes verfolgten und damit begannen, ihren Text einzustudieren.

Den ganzen Tag probten sie für das große Ereignis. Um sie herum wurde gehämmert und gebaut, was die Arbeit einigermaßen erschwerte, aber da bis zur Eröffnung des Volksfestes alles fertig sein mußte, nahmen sie es in Kauf. Schließlich fingen ein paar Arbeiter sogar an, unter ihnen einen Bretterboden zu legen – als Ersatz für ein Podest. Da wurde es sogar Erwin zuviel.

„Also gut, Leute – setzen wir uns da rüber und sprechen alles noch mal in Ruhe durch. Dann wird es schon klappen."

„Aber wir haben den Zweikampf noch nicht geprobt!" warf Florian ein.

„Das könnt ihr ja nachher für euch tun. Es ist ganz leicht – ihr braucht euch doch nur zu verabreden, wer wann mit seiner Lanze wohin sticht. Wenn ihr erst in der Rüstung steckt, dann sieht das ganz toll aus, egal was ihr macht. Und wenn irgendwas nicht hinhaut, dann brüllt und flucht ihr schauerlich aufeinander los, das lenkt ab."

„So, meinst du?"

„Klar! Bloß keine Nervosität!"

Am Tag der Eröffnung war es drückend schwül. Am Himmel zogen sich bleigraue Wolkenberge zusammen und Bille, Joy, Florian und Simon hofften insgeheim, die Aufführung würde ins Wasser fallen.

Tatsächlich gab es gegen Mittag einen Wolkenbruch, aber bald darauf strahlte der Himmel wieder in festlichem Blau, Bühne und Zuschauerbänke wurden von den Spuren des Regens befreit und die Dekoration aufgebaut.

Am Vormittag hatten sie die Kostüme anprobiert. Joy und Bille konnten zufrieden sein, aber Simon und Florian fühlten sich mehr als unbehaglich in den schweren Ritterrüstungen, wenn Erwin ihnen auch immer wieder versicherte, sie sähen ganz einfach phänomenal aus!

Die Zuschauerbänke füllten sich, um Punkt vier Uhr sollte das Spektakel losgehen. Erwin murmelte wieder und wieder den Text seiner Ballade, er war bleich wie ein zu kurz gebackener Käsekuchen und stieß in regelmäßigem Abstand den gequält munteren Ausruf „Nur Mut, Leute, kein Grund zur Aufregung!" aus.

Ein Fanfarenstoß signalisierte den Beginn der

Aufführung. Erwin, in das bunte Gewand eines Bänkelsängers gehüllt, eine Gitarre im Arm, stolperte auf die Bühne und verbeugte sich tief. Dann griff er kräftig in die Saiten, räusperte sich lautstark ins Mikrofon hinein, daß es klang, als kehre das Gewitter zurück, und begann, in bewegenden Worten das bewegte Leben Graf Edelberts zu preisen.

Die Darsteller warteten außerhalb des Burghofs auf ihren Auftritt. Applaus rauschte auf, und Erwin erschien mit vor Stolz hochrotem Kopf bei den anderen.

„Paßt ein bißchen auf, der Boden ist schmierig vom Regen, diese blöden Holzplanken trocknen nicht so schnell..."

„Okay."

Graf Edelbert schritt zu seinem ersten Auftritt und teilte dem Publikum seine schmerzliche Sehnsucht nach der schönen Prinzessin Magdalena mit. Dann erschien der König mit seinem Gefolge. Die Krone saß ihm fast auf der Nasenspitze, sie hatte versehentlich etwas von dem Gewitterguß abbekommen, und da sie aus bemalter Pappe bestand, nahm sie das übel.

Fritz, der Darsteller des alten Königs, versuchte diesen Mangel durch besonders viel Würde und einen weit in den Nacken gelegten Kopf auszugleichen, so daß man den Eindruck gewann, die Zuschauer säßen auf den Zinnen des Turms.

Joy bereitete sich auf ihren Auftritt vor. Ellinor kletterte über eine Leiter von außen an eine der Fensterhöhlen, die man mit zwei kräftigen Haken für die Strickleiter versehen hatte. Graf Edelbert fluchte hinter dem abgehenden König her und schwor, die Prinzessin in der gleichen Nacht noch zu entführen. Dann tauchte er bei Joy auf und ließ sich in den Sattel heben.

Joy nahm Asterix beim Zügel und betrat die Bühne. Ein hörbares „Ah!" ging durch die Reihen, als man den schöngeputzten Schimmel mit dem schmucken Knappen auftauchen sah. Graf Edelbert bezog es auf sich und lächelte selbstgefällig. Er sprang aus dem Sattel, wobei er sich fast auf den Hosenboden setzte, Joy konnte ihm gerade noch rechtzeitig zu Hilfe kommen. Dann schritt er zum Fenster und rief nach seiner Geliebten.

Ellinor hatte das Abseilen auf der Strickleiter zwar geübt, aber nur in Jeans, nicht in weiten, bodenlangen Röcken. So erwies sich der Abstieg als eine ziemlich zeitraubende Angelegenheit. Graf Edelbert füllte die lange Pause mit improvisierten Liebesergüssen.

„Nur Mut, Geliebte – ich weiß, du hast es schwer! – Mach dir nichts draus, Liebste, du schaffst es schon. Ja, so ist es recht, noch wenige Schrittchen mit deinen goldigen Füßchen, und du bist in den Armen deines Geliebten. Nie wieder, meine Herzallerliebste, sollst du dann aus einem Fenster – aus einem Fenster – na – hinab – hinabklettern – Vorsicht! – hinabklettern müssen, o meine Geliebte..."

Der Dorflehrer, Verfasser des Stücks, raufte sich die Haare. Edelbert fing seine Prinzessin auf, wobei er sichtlich unter ihrem Gewicht in die Knie ging, und geleitete sie zu seinem getreuen Roß.

„Andere Seite, du Trottel, man steigt immer von links auf!" wisperte Joy.

Edelbert und Magdalena gingen um Asterix

herum.

„Hast du mein getreues Roß nun von allen Seiten bewundert, meine Geliebte?" improvisierte Edelbert, der allmählich mutig wurde. „Ja, das ist ein Pferd, was? In der Schlacht, wenn der Feind uns umzingelte, schaffte er achtzig Stundenkilometer."

Joy prustete heraus und markierte einen Hustenanfall. Der Lehrer stöhnte hörbar.

Jetzt mußte Prinzessin Magdalena aufs Pferd gehievt werden. Knappe Joy und Graf Edelbert bewältigten dieses schwierige Unternehmen gemeinsam, einer hob, der andere schob nach. Als Prinzessin Magdalena endlich im Sattel saß, hing ihr Schleier auf dem rechten Ohr und eine der langen künstlichen Wimpern klebte wie eine Fliege auf Asterix' weißem Fell.

Nun kam Edelbert an die Reihe. Joy unterdrückte ein Stöhnen. Sie hielt ihm den Steigbügel hin und grapschte nach seinem Fuß, daß er nicht in der Lage war, die nötige Höhe zu erreichen.

„Laßt mich euch behilflich sein, edler Ritter", versuchte sie die Situation zu überspielen. „Ich weiß doch, daß seit eurer schweren Verwundung in der Schlacht eure alten Knochen nicht mehr so richtig wollen!"

Endlich saß auch Edelbert oben. Unter dem donnernden Applaus eines mitfühlenden Publikums verließen sie die Bühne. Hilfreiche Hände bereiteten den Szenenwechsel vor, während Graf und Prinzessin sich in ihre Hochzeitsgewänder warfen. Eine große Festtafel wurde am Ende der Bühne aufgebaut, die von den Müttern der Darsteller üppig mit dem besten Geschirr und den erlesensten Leckereien ausgerüstet worden war.

Blumenstreuende Kinder zogen vor dem edlen Paar her, als es die Bühne betrat und an der Tafel Platz nahm. Die Getreuen Graf Edelberts folgten. Zum Schluß erschien der Hofgeistliche und gab dem Brautpaar mit bibbernder Stimme den Segen. Graf Edelbert hielt eine Dankesrede an seine Getreuen.

„... und nun eßt und trinkt und laßt es euch wohl sein, meine lieben Freunde – und auch du, meine liebe Frau. Möge kein Schatten die Freude deiner Tage trüben!"

„Dein Auftritt, Bille! Los!"

Daniel gab Zottel einen kräftigen Klaps, um Bille das Angaloppieren auf einer so kurzen Strecke zu erleichtern. Aber weder er noch Bille hatten mit den schmierigen Holzplanken gerechnet. Zottel preschte durchs Tor und sprang mit allen vieren zugleich auf die Bühne. Ehe Bille begreifen konnte was passierte, schoß er wie eine Rakete über den seifigen Untergrund und fegte die Festtafel nebst Geschirr, Speisen und Getränken und den dahintersitzenden Darstellern auf der anderen Seite von der Bühne. Unter ohrenbetäubendem Geklirr landete der verdutzte Zottel vor einem Trümmerhaufen aus Scherben und verlockend duftenden Speiseresten auf seinem feisten Hinterteil. Hinter den Resten des Tisches schoben sich langsam die fassungslosen Gesichter des Grafen Edelbert und seiner Getreuen hoch.

Bille war rückwärts aus dem Sattel gerutscht und sprang auf die Beine.

„Entschuldigt meine Eile, edler Herr, mit der ich euer frohes Fest zu stören wage...", haspelte sie ihren Text herunter. Aber wie, zum

Teufel, ging es weiter?

„Weiterspielen!" zischte eine Stimme hinter der Bühne.

„Der Fürst...", rief Bille verzweifelt, „Fürst Bodo rückt mit seinen Mannen gegen eure Burg! Der Schändliche will eure edle Gemahlin mit dem Schwerte freien!"

„Be-freien!" zischte es wieder.

„Befreien!" brüllte Bille.

„Wie? Was muß ich hören! Ha!" Graf Edelbert pflückte sich Petersiliensträußchen und Schinkenscheiben vom Hochzeitsgewand und stieg über die Trümmer der Tafel. Seine edle Gemahlin ließ er heulend am Boden zurück. Einer seiner Getreuen wischte ihr verstohlen die schwarzen Tränenspuren, die das Übermaß von Wimperntusche verursacht hatten, vom Gesicht.

„Folgt mir, meine Freunde! Dem Bösewicht werden wir das Handwerk legen! Rache sei mein Gebot!" Damit stürmte der Graf von der Bühne.

„Vorsicht, Hoheit! Es ist glatt!" konnte Bille sich nicht verkneifen zu rufen.

Dann nahm sie Zottel, der sich inzwischen seelenruhig über die Reste des Hochzeitsessens hergemacht hatte, am Zügel und stakste hinterher.

Florian und Simon saßen schon im Sattel und warteten auf ihren Auftritt – der eine rechts, der andere links von der Bühne. Je zwei Helfer waren nötig gewesen, um sie auf die Pferde zu heben. In den Händen hielten sie bedrohlich aussehende Lanzen aus Pappe und Stöcken. Mit gemischten Gefühlen warteten sie darauf, daß die Bühne von den Trümmern befreit und zum Auftritt freigegeben wurde.

Endlich war es soweit. Gewarnt durch Billes Rutschpartie ritten sie im Schritt auf die Spielfläche.

„Fürst Bodo! Ich fordere euch zum Zweikampf! Seid Ihr bereit?" ertönte Simons Stimme dumpf hinter dem herabgelassenen Visier.

„Ich bin bereit!" antwortete Florian. Bongo tänzelte, von den scheppernden Geräuschen der Rüstung beunruhigt, nervös hin und her. Florians eiserne Kopfumhüllung verrutschte, und alles, was er jetzt noch sehen konnte, waren ein Stückchen des Turms und ein paar Baumwipfel dahinter. „Kommt heraus! Wo bist du, Feigling?" rief er und fuchtelte mit seiner Lanze wild in der Luft herum.

„Vorsicht!" zischte jemand hinter der Bühne. „Du sollst doch nicht das Pferd aufspießen!"

„Nur einer von uns wird lebend die Kampfstatt verlassen!" drohte Graf Edelbert und berührte mit der Lanze Florians – des Fürsten Bodo – Schulter.

„Aua! Ich meine: Ha! Verruchter!" schrie der Fürst.

Mit der Lanze suchte er in der Luft nach einem Widerstand – irgendwann mußte er Simons Lanze doch treffen.

„Hier bin ich!" rief Simon in seinem Rücken.

Klatsch! Florian hatte beim Wenden Asterix mit der Lanze auf den Po getroffen. Asterix keilte aus. Bongo bezog das auf sich, drehte sich und keilte zurück.

„Wo bist du, Bösewicht?" jammerte Florian. „Du kommst nicht lebend von hinnen!" Wieder suchte er mit der Lanze tastend nach Simon. Er kam sich vor wie beim Blindekuh-Spiel. Da endlich fühlte er einen Widerstand! Eine Stange, das mußte die Lanze des Grafen Edelbert sein!

"Haaach! Verruchter! Hab ich dich endlich. Da! Und da! Nimm dies! Und das! Und noch einmal!" Florian ließ seine Lanze von rechts und links auf den Gegner sausen.

"Fürst Bodo, seid ihr blind?" rief Simon plötzlich aus dem Hintergrund. "Was drescht ihr so wütend auf die Fahnenstange ein! Hier bin ich!"

Florian trieb Bongo in die Richtung, aus der die Stimme kam.

"Ich kann doch nichts sehen, du Trottel!" rief er leise.

Simon beschloß, der Sache ein Ende zu bereiten. Er legte dem Fürsten seine Lanzenspitze auf die Brust und schrie: "So stirbt denn, Unwürdiger!"

Florian ließ sich gehorsam aus dem Sattel gleiten und stieß seine Flüche gegen Graf Edelbert aus. Das Publikum wischte sich die Lachtränen aus dem Gesicht und rang um Fassung. Graf Edelbert ritt hocherhobenen Hauptes davon, und seine Getreuen schleppten den toten Fürsten von der Bühne. Bongo folgte gesenkten Hauptes und begriff überhaupt nichts mehr.

Jetzt blieb nur noch die wirkungsvolle Szene, in der Graf Edelbert seine Gemahlin aus den Flammen der in Brand gesteckten Burg rettet. Eigentlich hatte Bille hier wieder als reitender Bote auftreten sollen. Aber nach den Erfahrungen von vorhin zog sie es vor, ihre Meldung zu Fuß zu machen.

Sie stürzte auf den Grafen zu und keuchte: „Mein edler Herr, ich ritt so schnell, um euch die grauenvolle Nachricht zu überbringen, daß mein Pferd, das Gute, tot unter mir zusammenbrach! So eilte ich denn zu Fuß hierher."

Zottel war offensichtlich mit der Änderung seiner Rolle nicht einverstanden. Und da niemand sich um ihn kümmerte, trabte er hinter Bille her auf die Bühne und zupfte sie fröhlich wiehernd am Ärmel.

Bille schoß herum.

„Oh! Ein Wunder! Ein Wunder ist geschehn! Es lebt!" rief sie laut. „Mein Pferd, das treue, ist von den Toten auferstanden, aber eure edle

Gemahlin stirbt den Flammentod!"

Der Graf suchte verzweifelt nach seinem Text. Das auferstandene Pferd hatte ihn völlig durcheinandergebracht.

„Wie – was?" stammelte er hilflos. „Seit wann?"

„Schon eine Weile...", sagte der Knappe mitleidig.

„Ihr nach!" brüllte der Graf. Es hatte eigentlich „Mir nach!" heißen sollen.

Jetzt hatte Fritz, der nur im ersten Akt als König einmal aufgetreten war, seine große Nummer. Mit zwei Scheinwerfern und viel rotem und gelbem Seidenpapier zauberte er ein wahres Höllenfeuer auf das Gemäuer der alten Burg. Hinter der Bühne wurde Ellinor mit Ruß geschwärzt und mit angesengten Lappen behängt. Dann durfte Graf Edelbert sie auf die Bühne tragen.

So gut es bei Ellinors Gewicht ging, kam er im Laufschritt auf die Bühne, sprach jubelnd: „Dank sei Gott! Sie lebt!" und trat ihr auf den Rock. Ratsch! machte es, und die edle Gemahlin stand im Freien. Der Graf ließ sie vor

Schreck fallen und sank ganz unprogrammgemäß neben ihr in die Knie. Was als heldischer Abschluß des Stückes hoch von den Zinnen hatte herausposaunt werden sollen, er sprach es als flehendes Gebet: den Schwur, Burg Oldesweiler schöner denn je wieder aufzubauen und eine stolze Stadt dazu.

Das Publikum war gerührt. Der Applaus wollte nicht enden und einer versicherte dem anderen, so gelacht hätte er in seinem ganzen Leben noch nicht.

Der Lehrer war verhüllten Hauptes nach Hause geschlichen. Der Bürgermeister stürzte hinter die Bühne und beglückwünschte die Darsteller. Und Zottel hatte herausgefunden, wo man die Reste der zerstörten Festtafel hinbefördert hatte und teilte sie sich mit den jüngeren Geschwistern von Erwin.

Anschließend zog man auf den Rummelplatz mitten im Dorf. In einem Zelt gab es zu essen und zu trinken und zahllose feierliche Reden auf das Wohl der Dorf-Stadt Oldesweiler.

Florian leerte sein Weinglas bereits zum drittenmal, er starrte selig in die beschwingte Runde und seufzte: „Es ist doch schön, mal woanders zu sein!"

„Herrlich ist es!" bestätigte Bille. „Und trotzdem: Wenn ich daran denke, daß wir in drei Tagen wieder zu Hause sind, freue ich mich wie auf den Heiligen Abend. Wieder in Groß-Willmsdorf zu sein – bei den Pferden, bei Herrn Tiedjen, Petersen und Hubert – ich kann's gar nicht mehr erwarten."

Daniel und Joy saßen in einer Ecke und hatten sich unendlich viel zu sagen.

„Was machen wir denn nun mit Joy?" fragte Bettina.

„Wir werden ihren Vater überreden, sie nicht ins Internat zu schicken. Sollen sie doch gemeinsam versuchen, daß ihre Zensuren besser werden, wenn sie es allein nicht schafft!"

„Du lieber Himmel, glaubst du im Ernst, du kannst das bei ihm durchsetzen? Wie willst du das machen?"

„Da fällt mir schon was ein."

© 1985 by Franz Schneider Verlag GmbH & Co KG
8000 München 46 · Frankfurter Ring 150 · Wien – Zürich
Titelbild: Kajo Bierl
ISBN: 3 505 09177-4
Bestell-Nr.: 9177